図説

臨床心理学
特別講義

認知行動療法、EMDRでストレスとトラウマに対処する

Ichii Masaya
市井雅哉

岩崎学術出版社

目 次

第1講 リラクセーション, ノンバーバル・コミュニケーション　　*1*

第2講 臨床心理学研究法　　*15*

第3講 ストレスとストレスマネジメント　　*39*

第4講 認知行動療法──ベック, エリス　　*59*

第5講 学校問題への対応　　*65*

第6講 解決志向アプローチ　　*78*

第7講 トラウマについて(1)──トラウマ, 愛着　　*83*

第8講 トラウマについて(2)──いじめ, PTSD　　*91*

第9講 EMDRの原理　　*100*

第10講 EMDRの歴史と評価, メカニズム　　*111*

第11講 RDI──肯定的なネットワークの活用　　*117*

文　献　　*125*
あとがき　　*131*
索　引　　*133*

第1講イラスト：大塚美菜子

第1講　リラクセーション，
　　　　　ノンバーバル・コミュニケーション

　それでは，これから集中講義を始めます。この講義は言わば，私個人の臨床の歴史を語ると言ってもいいのかもしれません。おおまかに言えば，行動療法，認知行動療法，解決志向のアプローチ，そしてEMDRについて講義します。まとめるならば，比較的エビデンスの確立された心理療法について述べていきます。この中では解決志向のアプローチはエビデンスが弱いのですが，Th-Cl（セラピスト‐クライエント）間の良好な関係性を維持しつつ，肯定的な方向へと方向づけるのには大変有効な方法論と思いますので，紹介します。もう一つのテーマは，ストレスとトラウマです。似ていますが，大きな違いがありますので，その違いについて理解していただきたいと思っています。

1. リラクセーション

　それでは，まず，リラクセーションについて述べていきます。最初にリラクセーションについて述べるのは，この講義の中で繰り返し練習して，少しでもそのコツを摑んでもらいたいからです。リラクセーションをすると，眠くなるかもしれませんが，そのすぐ後に，ちょっとストレスを与えて緊張させますので，その後で再度リラックスの効果を検討できます。
　リラックスにはいろんな方法があるのですが，漸進的筋弛緩法，自律訓練法について取り上げます。漸進的筋弛緩法は，ジェイコブソン（Jacobson, 1938）が始めた方法で，行動療法の中では長く用いられてきた歴史があります。直接的に筋肉を緊張させ，そして緩めます。イメージを使わないので，イメージが苦手な人にもやりやすいし，また，初回からある程度の効果を感じられるので，大変取り組みやすいと言えます。

1）漸進的筋弛緩法
　本来は，顔から，足の先まで体の隅々までを扱うのですが，今回は，より緊張を感じやすい場所として，上半身3箇所を選んで行います。肩，首，上半身全体です。
　ポイントは，筋肉を8/10位の強さで十分緊張させて，ストンと緩める。そして，緩んだ感じをしっかり，じわじわと味わうのです。座ったままで行います。

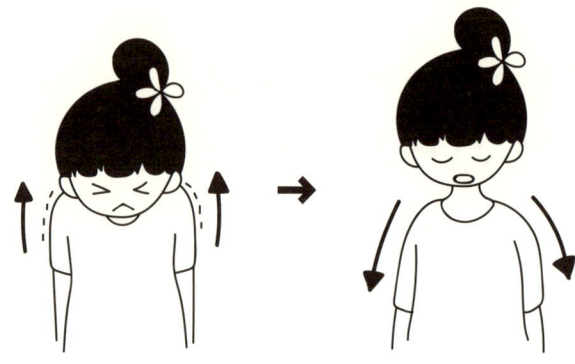

図1-1

1. 肩（図1-1）
   - 肩を高く高く持ち上げます。肩が耳に近づくように，首や脇の窮屈さを十分感じてください。
   - そして，ストンと緩めて，肩を下ろし，ゆったりと息を吐きます。緊張していた場所が今緩んでいるのをしっかり感じて。息を吐く度にもっと緩みます。
   - 同様に，後2回行います。
2. 首（前・後）（図1-2）
   - おでこに両手の平を当てて，頭と手で押し合いっこをします。ブルブル震えるくらいしっかり力を入れて押し合います。
   - そして，ストンと緩めてゆったりと息を吐きます。一旦，頭を下げて。このままでは息がしにくいので，ゆっくり戻して休みます。緊張していた場所が今緩んでいるのをしっかり感じて。息を吐く度にもっと緩みます。
   - 同様に，後2回行います。
   - 今度は，後ろです。手を頭の後ろに組んで，頭は後ろに倒そうとし，手は前に押し返そうとします。
   - そして，ストンと緩めてゆったりと息を吐きます。一旦，頭を後ろに倒して。このままではやはり息がしにくいので，ゆっくり戻して休みます。緊張していた場所が今緩んでいるのをしっかり感じて。息を吐く度にもっと緩みます。
   - 同様に，後2回行います。
3. 上半身全体（図1-3）
   - 両手の握り拳を握って，肘を曲げ，胸の前で交差し，首をすくめ，背中を丸めて小さくなります。硬くなって，おなかを守るような姿勢です。
   - 力を入れたまま，脇も窮屈なまま，腕を開き，胸を開き，あごも上げて，背中をそり気味にします。今度は，首の後ろが窮屈。背中に縦に筋が入る感じ。まだ，緊張したままで。
   - そして，ストンと全部緩めてゆったりと息を吐きます。緊張していた場所全体が今緩んでいるのをしっかり感じて。息を吐く度にもっともっと，じわじわ緩みます。
   - 同様に，後2回行います。

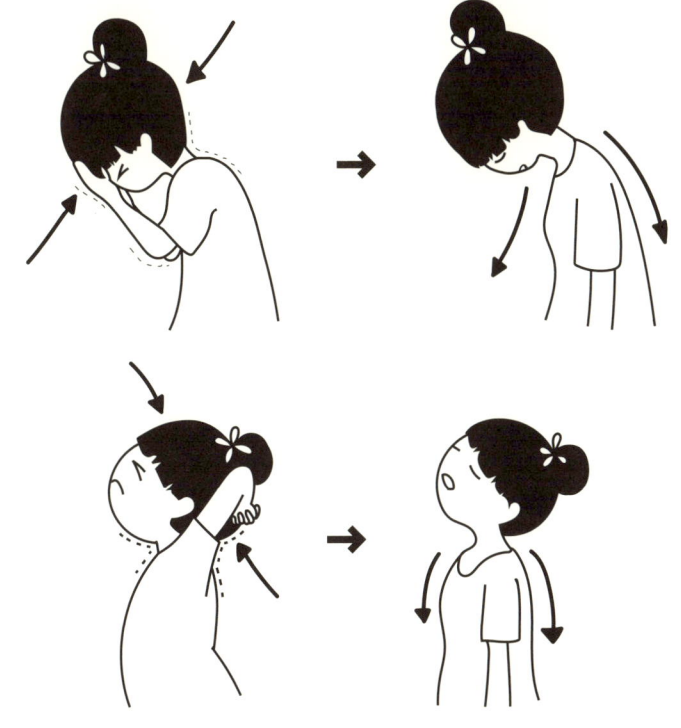

図1-2

図1-3

　血流もよくなって，体が温かくなったのではないでしょうか？　眠気を感じている人もいるかもしれませんね。

2) 自律訓練法
　続いて，自律訓練法です。ドイツ人のシュルツ（Schultz, 1932）が開発しました。こちらは，自己催眠とも言われますが，暗示を使って，自分の身体感覚を変えていきます。交感神経優位から副交感神経優位に自律神経を整えていきます。催眠被暗示性が高い方がかかりはいいですが，

自分で自分に暗示をかけるので，操られるような心配はありませんし，深く入りすぎるような危険性もありません。

　まず，深呼吸しましょう。目を閉じて，体に意識を向けます。肩を揺すったり，首を回して，リラックスしましょう。もう一度大きく深呼吸。
　それでは，これから私の唱える言葉をなんとなく受け入れるようにしてみてください。なんとなく受け入れるというのは，そうなるように頑張ることでもありませんし，なるもんかと反抗することでもありません。そうなるのかどうか，ただ待っている感じです。
　それでは，
　気持ちが落ち着いている。気持ちが落ち着いている。
　右腕が重たーい。重たーい。右の肩から先全体を意識してください。
　気持ちが落ち着いている。
　右腕が重たーい。重たーい。
　気持ちが落ち着いている。
　右腕が重たーい。重たーい。
　はい，それでは消去動作をします。
　目は閉じたままで，両手ともグー，パー，グー，パー，グー，パー。今度はグーのまま，肘をぐっと曲げて，伸ばして，曲げて，伸ばして，曲げて。そのまま，上に大きく伸びをして目を開けながら，手を降ろしましょう。これを消去動作といいます。打ち消しの動作です。暗示が残ってしまわないように，体を目覚めさせます。
　どうだったでしょう？　初めから，重たい感じが出た人もいるかもしれませんが，ピンと来ない人もいたでしょう。被暗示性は個人差が大きいですから，気にすることはありません。次第に何か左右で違う感じがわかってきたりするもんです。
　では，続けて2回めに行きます。まず深呼吸をして。
　気持ちが落ち着いている。気持ちが落ち着いている。
　右腕が重たーい。重たーい。
　気持ちが落ち着いている。
　右腕が重たーい。重たーい。
　気持ちが落ち着いている。
　右腕が重たーい。重たーい。
　はい，それでは消去動作です。
　目は閉じたままで，両手ともグー，パー，グー，パー，グー，パー。グーのまま，肘をぐっと曲げて，伸ばして，曲げて，伸ばして，曲げて。そのまま，上に大きく伸びをして目を開けながら，手を降ろしましょう。
　はい，2回目はどうでしょうか？　さっきよりは少しは進歩したでしょうか？　変わらなくても気にしなくていいです。継続がともかく大事です。
　はい，3回目行きます。まず，深呼吸しましょう。
　気持ちが落ち着いている。気持ちが落ち着いている。

自律訓練法実施記録用紙

日付	時刻	公式	姿勢	気づいたこと，感想	リラックス度 （0-100点）
月 日	朝				
	夜				
月 日	朝				
	夜				
月 日	朝				
	夜				
月 日	朝				
	夜				
月 日	朝				
	夜				
月 日	朝				
	夜				
月 日	朝				
	夜				

この1週間全般での変化

右腕が重たーい。重たーい。
気持ちが落ち着いている。
右腕が重たーい。重たーい。
気持ちが落ち着いている。
右腕が重たーい。重たーい。
はい，それでは消去動作をします。

目は閉じたままで，両手ともグー，パー，グー，パー，グー，パー。今度はグーのまま，肘をぐっと曲げて，伸ばして，曲げて，伸ばして，曲げて。そのまま，上に大きく伸びをして目を開けながら，手を降ろしましょう。

3回目はどうだったでしょうか？ この3回で，1回分の練習です。今ので，90秒を3回で約5分ちょっとくらいです。

これを1日，朝晩2回か，朝昼晩3回やって欲しいのです。今回は，集中講義の間に，何回かやっていきます。

自律訓練法の練習姿勢は，仰向け（あ），よりかかり（よ），腰掛け（こ）の3つのどれかで行います。今回は腰掛けですが，仰向けに寝てやってもいいし，ソファのような椅子にゆったりとよりかかってもいいです。

それから，標準公式は，背景公式「気持ちが落ち着いている。」第1公式：四肢重感「両腕両脚が重たい」，第2公式：四肢温感「両腕両脚が温かい」，第3公式「心臓が静かに打っている」，第4公式「呼吸が楽にできる」，第5公式「お腹が温かい」，第6公式「額が涼しい」からなっています。

第2公式までをマスターするとかなりリラックスはできるようになりますから，これをひとまず目標にします。

先ほどのように，両腕両脚を全部意識するのは初めは難しいので，(a) 右腕→ (b) 両腕→ (c) 両腕と右脚→ (d) 両腕両脚と順に広げていきます。90秒の中で，どんどん先に進んでいけるようになります。1a（右腕重感）→ 1b（両腕重感），1a → 1b → 1c（両腕右脚重感）という具合に，初めは1aから初めて，重たい感じが感じられたら，先に進んでいきます。簡単に両腕が感じられるようになったら，1bから始めても構いません。慣れてきたら，1d（両腕両脚重感）から初めて，すぐに2a（右腕温感）を追加していきます。

自律訓練法練習記録用紙に今の体験を書いておきましょう。

2. ノンバーバルコミュニケーション

さて，それでは，次にノンバーバルコミュニケーションについてちょっと実習をしてみたいと思います（伊東, 1983を参考にしている）。カウンセリングは言うまでもなく，コミュニケーションで成り立っています。コミュニケーションにはバーバルコミュニケーションとノンバーバルコミュニケーションがあります。バーバルは言葉，言語です。すなわち，書物にこのように活字で書いている内容は，バーバルです。一方，ノンバーバルは，活字にした時に零れ落ちるもので，

たとえば，しぐさ，表情，声，などです。声だけに限っても，大きさ，抑揚，高さ，スピードなどさまざまな要素があります。これらによって，伝わる印象は大きく異なります。いきなり，どうして実習なのかといいますと，ノンバーバルな部分は，体験的に学んで欲しい部分だからです。では，実際にやってみましょう。これからやるエクササイズは言葉を使う部分と，使わない部分があります。言葉を使う部分はこちらから指示しますから，それ以外は無言で行います。普段は人と向き合って無言ということはあまりないと思いますが，敢えて，そのようにして，どんな体験があるのか感じてみて欲しいのです。

　まず，二人組を組みます。

　隣同士だと仲のいい人と並んでいると困りますので，前後で組んでみましょう。奇数列の方が椅子を後ろに向けて，後ろの偶数列の方と向き合ってください。ちゃんと真正面に座りましょう。そして，目を閉じて私の説明を聞いてください。

実習1
　初めに，「3枚の写真」というエクササイズをします。これは，われわれの頭をカメラになぞらえて，相手の顔の写真を撮っていきます。初めは短い時間，そして徐々に長く，3枚の写真を撮っていきます。

　それでは1枚目。目を開けて。（10秒間経過）はい，目をつぶります。

　短い時間でした。でも，緊張などを感じましたか？

　続けて2枚目に行きますよ。

　はい，目を開けて。（30秒経過）はい，目をつぶります。

　ちょっと長くなりましたね。どんな気持ちが出てきましたか？　身体はどんな感じ？　続けて3枚目に行きます。

　はい，目を開けて。（90秒経過）はい，目をつぶります。

　3枚目は大分長かったですね。

　さて，これから今やったエクササイズの感想を言うのですが，どちらが先でもいいのですが，順番を決めましょう。それでは，この教室の前に近い人をAさん，後ろに近い人をBさんとしましょうか。

　Aさんがまず感想を言います。90秒あげます。何を感じたか？　何を考えたか？　Bさんは，言葉を発せず，また，相づち等も打たず，ほぼ無表情でいてください。視線はそらさずにいてください。そういう相手に話をするのはやりにくいと思いますが，話し続けてください。

　Aさん，どうぞ。（90秒経過）はい。Aさん話すのを止めて。
今度は役割を交替します。Bさんが話します。Aさんは，同じように無表情で，黙って聞きます。
　Bさん，どうぞ。（90秒経過）はい。Bさん話すのを止めて。
今度は，お二人に時間をやはり120秒あげます。自由に反応して，話してください。

実習2
　はい，それでは，次のエクササイズです。今度のエクササイズは顔の向きや姿勢についてのエクササイズです。

実習1感想シート

- 3枚の写真

    まずパートナーが決まって

    初めの10秒

    次の30秒

    最後の90秒

    ここまでの感想

- 一方的コミュニケーション

    90秒（ただ話すとき）

    90秒（ただ聞くとき）

    2人自由に120秒

- 全体を通して

また，別の方と二人組を組んでみましょう。そして，椅子をちゃんと正面に置いて，向き合って座ってください。また，ＡさんとＢさんを決めますね。今度は先に瞬きをした方がＡさんとします。それでは，目を開けて。（しばし経過）決まりましたか？　はい，Ａさんは手を上げて。はい，確認のためＢさん，手を上げて。ちゃんと決まっていますね。
　では，Ａさんから始めます。Ａさんは無言で，無表情で，私の指示に従ってください。Ｂさんは，Ａさんから視線を外さずに，やはり無表情で，無言でいてください。
　今二人は正面で視線が合っていますね。そのまま，Ａさん，右に顔を回転させましょう。天から下りてきた糸に頭がぶら下がっていて，その軸は崩さずに，右に回して，視線が外れないぎりぎりのところで止めてください。そのまま，ＡさんもＢさんもどんな気持ちが出てくるか？　相手の方がどんな人に思えるのかを気づいてください。（15秒程度経過）はい，それではＡさん，顔を戻します。
　今度は，Ａさん，左に回転させてください。同じように，視線が外れないぎりぎりのところで止めます。そのまま，ＡさんもＢさんもどんな気持ちが出てくるか？　相手の方がどんな人に思えるのか気づいてください。（15秒程度経過）はい，それではＡさん，顔を戻します。
　今度は，Ａさん，あごを上げます。鼻越しに相手を見る感じです。同じように，視線が外れないぎりぎりのところで止めます。そのまま，ＡさんもＢさんもどんな気持ちが出てくるか？　相手の方がどんな人に思えるのか気づいてください。（15秒程度経過）はい，それではＡさん，顔を戻します。
　今度は，Ａさん，あごをぐっと引きます。前髪越しに相手を見る感じです。同じように，視線が外れないぎりぎりのところで止めます。そのまま，ＡさんもＢさんもどんな気持ちが出てくるか？　相手の方がどんな人に思えるのか気づいてください。（15秒程度経過）はい，それではＡさん，顔を戻します。
　今度は，Ａさん，その場で立ち上がります。腕組みなどしないで気をつけの姿勢です。ちゃんと真っ正面に立ってください。視線は外さないで。そのまま，ＡさんもＢさんもどんな気持ちが出てくるか？　相手の方がどんな人に思えるのか気づいてください。（15秒程度経過）はい，それではＡさん，今度は足元に気をつけながら，椅子の上に立ってください。ちゃんと真っ正面に気をつけの姿勢で立ってください。視線は外さないで。そのまま，ＡさんもＢさんもどんな気持ちが出てくるか？　相手の方がどんな人に思えるのか気づいてください。（15秒程度経過）はい，それではＡさん，座りましょう。
　はい，では役割を交替します。今度はＢさんです。今，正面で視線を合わせていますね。では，Ｂさん，右に顔を回転させましょう。天から下りてきた糸に頭がぶら下がっていて，その軸は崩さずに，右に回して，視線が外れないぎりぎりのところで止めてください。そのまま，ＢさんもＡさんもどんな気持ちが出てくるか？　相手の方がどんな人に思えるのかを気づいてください。（15秒程度経過）はい，それではＢさん，顔を戻します。
　今度は，Ｂさん，左に回転させてください。同じように，視線が外れないぎりぎりのところで止めます。そのまま，ＢさんもＡさんもどんな気持ちが出てくるか？　相手の方がどんな人に思えるのか気づいてください。（15秒程度経過）はい，それではＢさん，顔を戻します。
　今度は，Ｂさん，あごを上げます。鼻越しに相手を見る感じです。同じように，視線が外れな

実習２感想シート

- ノンバーバルコミュニケーション

　　まずパートナーが決まったとき

　　視線を合わせたとき

　　自分が姿勢を変える立場の時
　　　左右に首を回したとき

　　　あごを上げたとき

　　　あごを引いたとき

　　　立って見たとき

　　　椅子の上から見たとき

　　相手が姿勢を変える立場の時
　　　左右に首を回したとき

　　　あごを上げたとき

　　　あごを引いたとき

立って見たとき

　　　椅子の上から見たとき

　　ここまでの感想

・一方的コミュニケーション
　　90秒（ただ話すとき）

　　90秒（うつむいて聞くとき）

　　2人自由に120秒

・全体を通して

いぎりぎりのところで止めます。そのまま，BさんもAさんもどんな気持ちが出てくるか？相手の方がどんな人に思えるのか気づいてください。（15秒程度経過）はい，それではBさん，顔を戻します。

今度は，Bさん，あごをぐっと引きます。前髪越しに相手を見る感じです。同じように，視線が外れないぎりぎりのところで止めます。そのまま，BさんもAさんもどんな気持ちが出てくるか？　相手の方がどんな人に思えるのか気づいてください。（15秒程度経過）はい，それではBさん，顔を戻します。

今度は，Bさん，その場で立ち上がります。腕組みなどしないで気をつけの姿勢です。ちゃんと真っ正面に立ってください。視線は外さないで。そのまま，BさんもAさんもどんな気持ちが出てくるか？　相手の方がどんな人に思えるのか気づいてください。（15秒程度経過）はい，それではBさん，今度は足元に気をつけながら，椅子の上に立ってください。ちゃんと真っ正面に気をつけの姿勢で立ってください。視線は外さないで。そのまま，BさんもAさんもどんな気持ちが出てくるか？　相手の方がどんな人に思えるのか気づいてください。（15秒程度経過）はい，それではBさん，座りましょう。

さて，これから今やったエクササイズの感想を言うのですが，今度は，Bさんから始めましょうか。

Bさんがまず感想を言います。90秒上げます。何を感じたか？　何を考えたか？　Aさんは，今度は視線を合わせず，ほぼずっとうつむいたような感じで，言葉を発せず，また，相づち等も打たず，ほぼ無表情でいてください。そういう相手に話をするのはやりにくいと思いますが，話し続けてください。

Bさん，どうぞ。（90秒経過）はい。Bさん話すのを止めて。

今度は役割を交替します。Aさんが話します。Bさんは，同じように，視線を合わせず，無表情で，黙って聞きます。

Aさん，どうぞ。（90秒経過）はい。Aさん話すのを止めて。

今度は，お二人に時間をやはり120秒あげます。自由に反応して，話してください。

実習3

では，次のエクササイズです。今度は一人でやるエクササイズ，まあ，私と皆さんですると言ってもいいのですが，ですから，全員前を向いてください。

それでは，これから，私が言葉を唱えます。それを聞きながら，皆さんの感情や，身体感覚に，何らかの変化が起こるのかどうかに気づいていただきたいのです。起こる変化は結構微妙ですから，しっかりと気づける態勢を作って欲しいと思います。

まずは，ちょっと安静状態を経験しましょう。目を閉じて，ゆったりと深い呼吸をします。身体に意識を向けて，呼吸の度に，胸やおなかがゆったりとふくらんだりしぼんだりするのを感じて欲しいのです。

いいでしょうか。それでは，これから私が2つの言葉をいくつかの言い方で唱えます。

(1) 初めは，「ダメ」「ダメ」「ダメ」「ダメ」「ダメ」（ゆっくり，棒読みの感じ，感情をこめないで繰り返す）

実習3感想シート

- 言葉の力・言葉以外の力

    まずリラックスして

    棒読みの「ダメ」

    棒読みの「いいよ」

    感情のこもった「ダメ」

    ダブルバインドの「いいよ」

    感情のこもった「いいよ」

    自分のここまでの感想

    周囲の人と話してみて

どんな変化が起こったかに気づいて憶えておいてくださいね。次に行きます。
(2) 次は，「いいよ」「いいよ」「いいよ」「いいよ」「いいよ」（ゆっくり，棒読みの感じ，感情をこめないで繰り返す）
どんな変化が起こったかに気づいて憶えておいてくださいね。次に行きます。
(3) 次は，「ダメ」「ダメ」「ダメ」「ダメ」「ダメ」（ゆっくり，強くダメ出しする感じの感情をこめて繰り返す）
どんな変化が起こったかに気づいて憶えておいてくださいね。次に行きます。
(4) 次は，「いいよ」「いいよ」「いいよ」「いいよ」「いいよ」（ゆっくり，感情は「どうでもいい」という投げやりな気持ちをこめて繰り返す）
どんな変化が起こったかに気づいて憶えておいてくださいね。次に行きます。
(5) 次は，「いいよ」「いいよ」「いいよ」「いいよ」「いいよ」（ゆっくり，ほめる，受け入れる感情をこめて繰り返す）
どんな変化が起こったかに気づいて憶えておいてくださいね。
さて，それでは，今やったことについて振り返ってみましょう。

「ダメ」と「いいよ」という言葉をいろんな言い方をしましたね。最初は「ダメ」を棒読みで，次が「いいよ」を棒読みで，3番目が「ダメ」を感情を込めて，4番目が「いいよ」にこもっている感情は「ダメ」に近い，これをダブルバインドと言いますが，そして，最後は「いいよ」に感情を込めて伝えたつもりです。
　さて，では，周囲の人と話をしてみましょう。奇数列の人が後ろを向くと二人組ができますね。2人で自由に話してみましょう。時間は120秒で，限られていますので，ちゃんと両方の話ができるように気をつけてください。
　どうぞ。（120秒）
　一応，全体でも確認しておきましょうか？
　どれが一番きつかったか？　手を上げてください。
　最初の棒読みの「ダメ」？
　感情をこめた「ダメ」？
　ダブルバインドの「いいよ」？

　さて，これらのエクササイズで伝えたかったことは何か？　一つは体験の重要性です。こちらが何を意図しようと，感じてもらえないことはあまり残りません。臨床心理学では知識も重要ですが，体験が重要であることは疑いないことです。
　まあ，意図としては，ノンバーバルコミュニケーションの重要性を伝えたいと思っています。
　メーラビアン（Mehrabian, 1981）は，1960年代からのやや古い研究を幾つか積み重ねて，次の公式を導いています。
　感情や態度の意味＝0.07 言語＋0.38 音声＋0.55 表情
　話の内容よりも，表情，音声などが感情や態度を理解するのに大きな役割を果たしているわけです。もちろん，これは，アメリカでの研究ですから，文化差を考慮に入れる必要はあります。

第2講　臨床心理学研究法

前の時間が体験的な内容だったのですが，今度は，とても学術的な話をしていきます。

1. 効果研究の必要性

1）情報提供と選択

われわれはある商品を購入するときにどのような過程を経て，1つの商品に決め，お金を払うのでしょうか。たとえば薬を例にとって考えてみましょう。まず，自分が何を期待するのかといったニーズを明確にしなければいけません。今自分の抱えている症状がどんなもので，そのどれが特に煩わしいか。風邪らしいとわかっていても，頭痛，のどの痛み，咳，鼻水と多彩な症状があります。総合感冒薬はさまざまな症状に対応しているようですが，「特にこの症状を治したい」というときには，あまり効く気がしません。とりあえず，「鼻水をどうにかしたい」と決めても，いくつもの薬が店には並んでいます。周囲の友人に，どの薬の効きが良いかなどと聞いてみることもあります。薬局で聞いてもよいですが，売りたい薬をただ売りつけられそうな気もします。テレビコマーシャルのタレントの顔や宣伝文句に乗せられることもあります。そういえば，副作用がニュースになっていたなと思い出すとまず買いません。「風邪のひき始めに効く」と書いてあれば今の症状を鑑み，「もはや手遅れだ」と他の薬を探します。きっちりと効能書きを見比べて違いがありそうならそれを頼りにしますが，結構どれも似たり寄ったりで，結局ブランドイメージやちょっとした値段の違いで決めたりといった具合でしょうか。一度には何種類も試せるわけはないので，その時の効果に満足すれば，次回もこの薬でいこうなどと思い，不満が残ればこれは効かないなどと結論を下します。

これがガンの治療法ともなれば，もっと慎重に真剣に情報を集めます。まず，検査や治療を受ける病院の評判を確かめます。評判が仮に良くても，ちょっとでも医師の態度や説明が気にくわないと，もう1つ別の病院で診てもらってセカンドオピニオンをもらおうと思います。そもそも診断が合っていないかもしれません。友人知人の情報はもちろん，インターネットでも情報検索をします。図書館や本屋で何冊も立ち読みをします。さまざまな治療法の適応，副作用，治療期間，料金などを丁寧に比較します。今どき，「先生のおっしゃるまま，すべてをお任せします」などという患者さんが一体どのくらいいるのでしょうか。医学の世界ではインフォームドコンセントがうるさく言われています。最終決定は患者の側に任されています。医師の側はそのための情報をしっかり提供するのです。

心理臨床でわれわれが提供しようとしているサービスもこうしたものと基本的には変わりません。われわれに求められているのは，もちろん質のいいサービスですが，質の善し悪しを決めるのはわれわれではなく，そのサービスを受けるクライエントであるべきでしょう。だから，われわれは自分の提供するサービスについて情報提供を行うことが必要で，クライエントに選択の機会を与えなくてはいけません。商品を購入するときには，品揃えの豊富な店に行きたい。商品の比較表などがあるとなおのこと嬉しい。ただ「これはいいですよ。お買い得ですよ」というだけでは説得力はないし，販売実績を上げるのは難しいでしょう。1種類しか在庫がなく全く選ぶ余地のない店は自由主義の国ではつぶれるしかありません。現代の日本社会のキーワードは，透明性であり，情報開示であり，説明責任です。情報を提供した上で，きちんと買ってもらえるサービスを提供する必要があるのです。

2) 比較可能であること

複数のサービスを比較する際には，できれば量的な記述がありがたいものです。人間の状態を数字で記述することには限界や問題点もありますが，質的な記述ではあいまい過ぎて，結論を出せません。心理学が学問として成り立つ過程で，量的な記述による科学性が重視されてきて，実験計画，研究法，統計法が発展してきました。臨床心理学もこの積み重ねられた成果に立脚して，科学的な視点を持つべきでしょう。基礎に比べて，臨床はどうしても目の前のクライエントへのサービスが大事であることは疑いのないところです。「科学的に裏づけの取れている方法しかできません」と，困っているクライエントを前に「わからない，できない」では臨床家は務まりません。でも，それは「すべては治療者の人間性やカンの勝負で，役に立ちそうなことならなんでもやったらいいですよ。文献や知識よりも人となりの勝負です」ということを意味しているのでもありません。臨床心理学は学問であり，世界中に同じ職業の人間が多数いて，さまざまなクライエントとの格闘の記録や比較研究の報告がデータベースとしてあるのですから，それを利用しない手はありません。自分のやり方に自信をもってクライエントに臨むためにはきちんとしたデータに立脚している必要があります。自分のこの方法が本当に役に立っているのか，他の方法よりこのクライエントのこの症状に適しているのかといったことを懐疑し，確かめる心が必要です。「効こうが効くまいが問題ではありません。私はこの方法を愛していますし，他の方法を使う気はありません。私の先生や先輩に忠誠を尽くします」というのは，科学者のスタンスでなく，中世から続く徒弟制度のスタンスでしょう。これでは主役はサービスを受ける人でなく，サービスを与える側であって，少々厳しく言えば，クライエントはセラピストの自己満足の世界に否応なしにつきあわされている犠牲者となってしまいます。

アメリカの臨床心理学の発展の仕方が必ず良い見本になるのかどうかは一概には言いきれない部分がありますが，アメリカの事情について少し触れておきましょう。日本と違って医療費を支払うのが民間の保険会社なので，データに基づいて，より効率のよい方法にのみ保険金を支払うシステムになっています（頼藤ら，1993）。「その疾患にはこの治療方法を使いなさい。それ以外の方法にはお金を払いません。」保険会社が指定する治療法に選ばれるために，各治療法がデータを出すことが求められています。他の方法と比べてより短い時間でより効果を上げる効率が求められます。これは，世間一般の経済原則から見れば至極当たり前のように思えます。クライエ

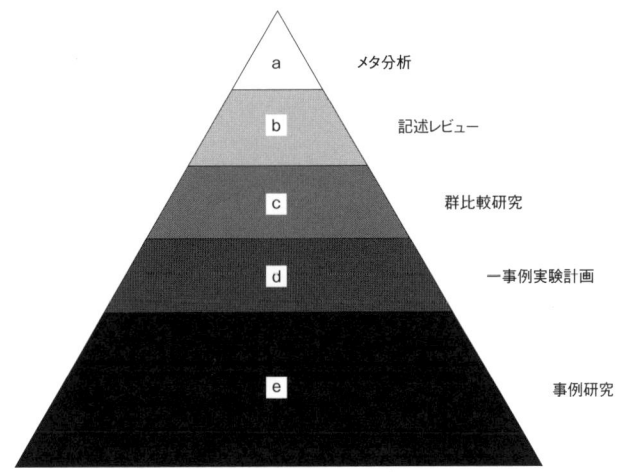

図2-1 介入効果研究の段階
(Dryden & Rentoul(1991): Adult Clinical Problems: A Cognitive-Behavioural Approach. 丹野義彦監訳(1996): 認知臨床心理入門——認知行動アプローチの実践的理解のために.東京大学出版会.)

ントは一日も早く悩みから解消されたいと望んでいるし，多くの時間とお金を払わずに済むならその方が社会一般的に望まれる結果でしょう。

「効率重視の世の中が行き過ぎた競争社会を生み出し，結果として多くの不適応者を作り出したのだ」というのは一面の真実ではありましょうが，したがって，臨床心理学の介入方法の効果を数字で議論すべきでないとか，効率を追求すべきでないと主張するのは何か議論をすり替えているように感じます。文明社会の行き詰まりを嘆き，原始時代を回顧するような「昔はよかった」式の厭世論は，われわれ社会の将来像の積極的構築に寄与するとは思えません。たしかに，短時間で効果を議論することが難しい疾患があることは確かでしょうが，クライエントもセラピストも限りがある生を生きている以上，時間の問題を無視しての議論は空論でしょう。「長い人生，どんな足踏みも回り道も無駄ではない」ことを知っている一方で，限られた時間の中で，何らかの目に見える成果を出すことにエネルギーを注ぐのがプロフェッショナルの仕事ではないでしょうか。

2. 介入効果研究の方法論

果たしてこれから施そうとするある方法が確かに効果を持っているのかという疑問に答えなければなりません。専門教育と専門実践を積んだ専門家として，われわれが施している方法が，クライエントの周囲の家族や友人などの援助や本人の努力以上の何かを作り出していないとしたら，お金と時間をかけてわれわれが関わる意味がないではありませんか。自分の方法に自信をもつためには治療効果研究という視点が必要です。ドライデンらは図2-1のような5つの段階を示しています。

1) 事例研究

カズディン（Kazdin, 1998）は事例研究の意義として，①人間の行動や発達に関する考えや仮説の資源となりうる，②治療技法を発展させる資源ともなりうる，③珍しい現象の研究に役立つ，④普遍的と考えられていたことへの反証の意味を持つ，⑤説得的で，動機づけ的な意味を持つ，の5つを指摘しています。

この事例研究が日本の心理臨床の世界であまりに重視されているのは，①や②もさることながら，どうも⑤の理由によるように思えます。ドラマティックな介入過程の記述は聞く者を魅了し，その臨床家のファンが増えたり，カウンセラー志望者が増えるのかもしれません。一人ひとりのクライエントの独自性ゆえに事例研究の重要性を説くのは，③に当たると言われればわからないでもありません。しかし，介入に関しては名人技の披瀝に終わっているものが多い気がします。「このタイミングでのセラピストのこの発言が，クライエントにこの洞察を生み出したようだ。」これでは推測が多すぎるし，再現性は全く保証されません。「なぜそういえるのですか」といくらでも疑問が投げかけられますが，それに対して反論するにしても，データで示すことができるわけでもなく，「君にはまだわからないだろうなあ」などと経験やカンが根拠となって，最後は「私がそう感じたからそうなのだ」と怒るはめになりかねません。これはおよそ科学ではありません。セラピストやクライエントの般化を考えるともっと厳しく方法の妥当性を検討しなければ読者への寄与はほとんどないといえます。

カズディンは事例研究の限界としては，①クライエントのその状態を説明する数多くの別の説明があり得る，②判断や解釈が重視される逸話が中心である，③他の個人や状況への般化が難しい，と指摘しています。

このような限界を乗り越えるためには，事例研究のスタイルであっても，似たような数ケースを積み重ねて議論をすることが必要で，特殊で独善的な説明が排除され，より般化した結論へと到達できる可能性が出てきます。そのためには「似たような」ケースを集めるための標準化された診断，査定の方法が必要となります。クライエントに診断名を付けることを「レッテル貼り」として嫌うセラピストがいるようですが，一人ひとりの個別性を重視するあまり，世界中から収集可能な豊富なデータベースの活用を難しくしていないのか気になるところです。

それでも事例研究では因果についての議論は難しいものです。実験的な研究のように統制という考え方が欠落しているからです。その介入をしなければどうなったか，別の介入をしたらどうなったか，という疑問に答える方法がないのです。

2) 一事例実験計画

少ない事例でも，この方法がこの変化をもたらしたという因果関係についての議論を可能にするのが一事例実験計画です。この方法の基本の第1には繰り返して同一の行動を観察するという継続的査定があります。毎日，もしくは週に何回か，臨床的介入を始める前，そして介入を開始して効果を上げているときも，そして介入後のフォローアップまで継続的に観察を行います。

介入前の観察をベースラインと呼びます。ベースラインは2つの機能を持っています。行動の現状レベルを知り，クライエントの問題を記述する機能，もう1つは治療が施されなければどうなったかを予測する機能です（図2-2）。行動が変動する要因は決して介入のみではありません。

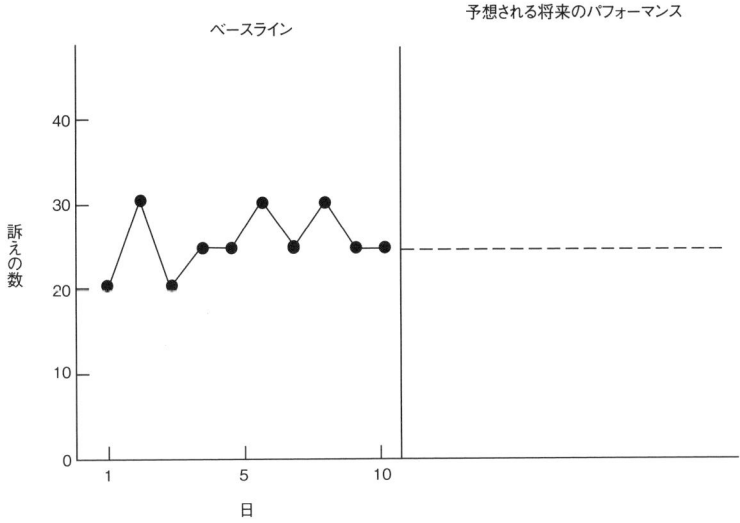

※ベースラインのデータ（実線）は，将来のパフォーマンスの割合（点線）を予測するのに用いられる。

図2-2　訴え頻度のベースライン観察の仮想例

　介入によって行動が変化したと主張するためには介入を施さない段階で，ベースラインの測定を繰り返し，そこで現れる変動に比べて，介入によって生じる変動がずっと大きなものである必要があるのです。言い換えれば，ベースラインはある程度の安定性を示すか，もしくは変化してもそれは介入によって変化するはずの方向とは逆の，すなわち悪化する方向の変化を示していて欲しいわけです。もし，ベースライン時点ですでに改善の方向への変化が見えている場合，臨床的介入をその時点で加えれば，それは介入による改善なのか，それとも自然治癒であるのかは判別できないこととなります（図2-3）。変動性も問題となります。図2-4の上のようにあまりに変動が大きいと介入なしの状態の予測を立てることが困難になり，結局介入効果を検出できなくなります。

① ABAB デザイン

　ベースラインの次が介入段階となりますが，介入を施すことにより，従属変数の値が改善方向に変わることを確認できれば，この介入は効果があったということになります。これが AB デザイン（A＝ベースライン期，B＝介入期）と言われるもので，図2-5のように，ベースラインが安定しており，介入後に顕著な変化が見えていれば，介入が効果的であったと考えられます。しかし，AB デザインでは，介入が効果的であった可能性もありますが，時間的にちょうどその頃別の要因により改善が起こった可能性も否定しきれません。ABA デザインや ABAB デザインというものは，一度効果を上げた介入を撤去するベースライン期を加えることで，確かにその介入が効果を上げたことを確認する手続きを含んでいます。すなわち，撤去により，改善していた従属変数が介入前の状態か，少なくとも悪化の方向に戻ることが仮定されている。さらに，ABAB デザインでは，再度介入を施すことで，効果の再現性の確認も可能となるし，改善した状態で終えられることから倫理的な批判もやや少ないと考えられます。

　しかし，この手続きは2つの問題点も持っています。1つは介入の効果が時間的な般化性を持

っている場合，言い換えれば，介入の効果が維持される場合には当然撤去期に成績の低下は期待できないし，こうした効果は治療的にはむしろ望ましいことです。したがって，改善が見え始めてすぐに撤去期に入るのが１つの対策ではあります。もう１つの問題点は倫理的な問題で，せっかく改善が見えているのに介入をやめてしまうことで，悪化させていいのかという問題が生じる

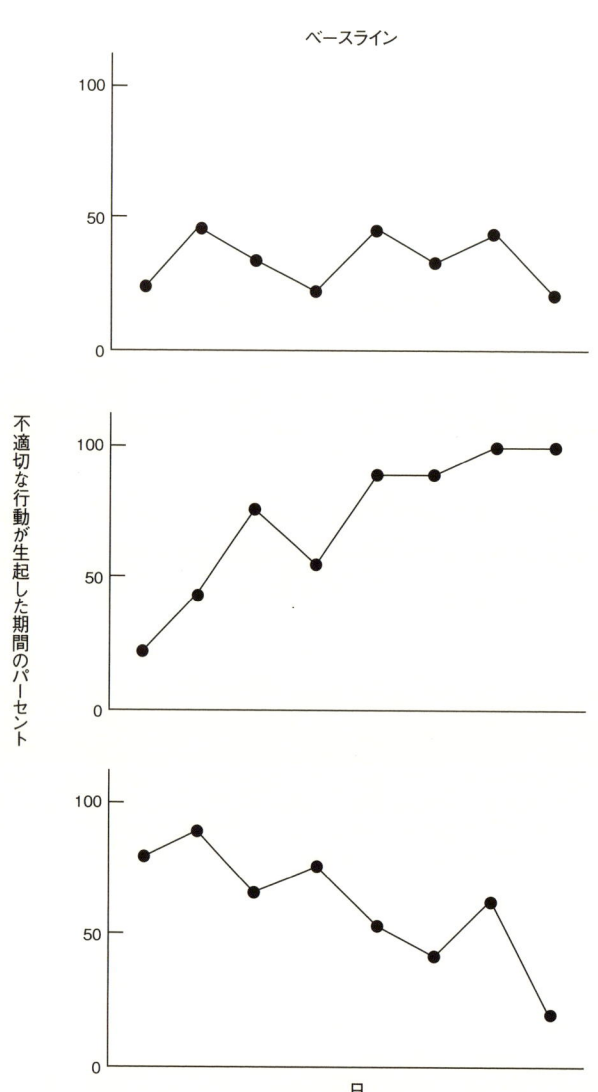

一番上はパフォーマンスが安定しており，特別な傾向はない例である。真ん中は，時間につれて行動が悪化していく傾向をもっている。最下部は，時間につれて改善していく傾向をもっている。この最下部のパターンは，介入によって予測される変化と変化の方向が同じなので，介入の評価の妨げになりやすい。

図2-3　多動児の逸脱行動の仮想データ

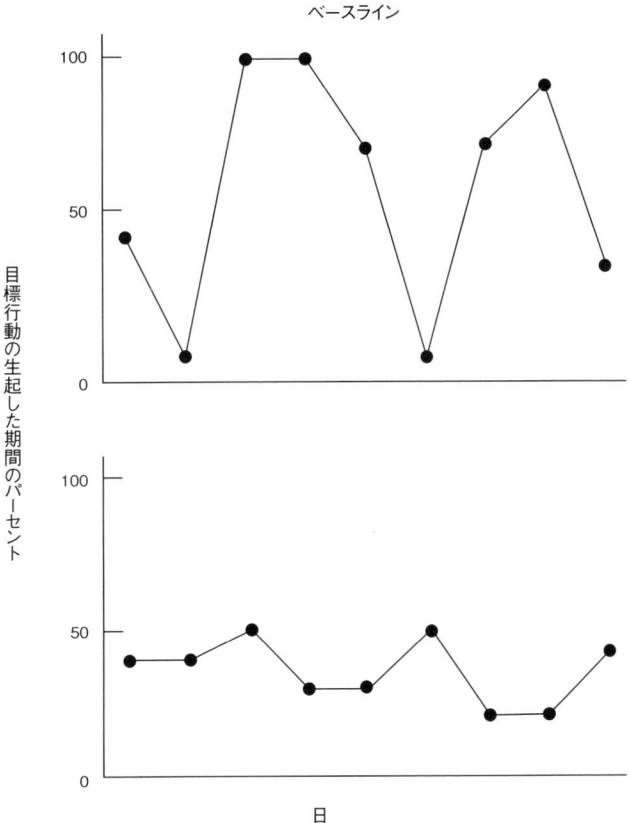

データにばらつきが少ないほうが,介入効果の評価には適している。

図2-4　変動の大きいベースラインデータ(上部)と相対的に変動の小さいベースラインデータ(下部)

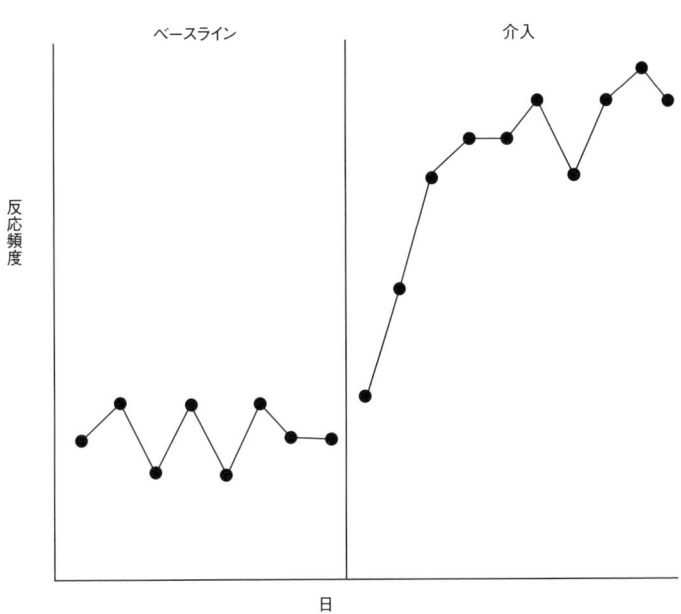

図2-5　ABデザインの仮想データ

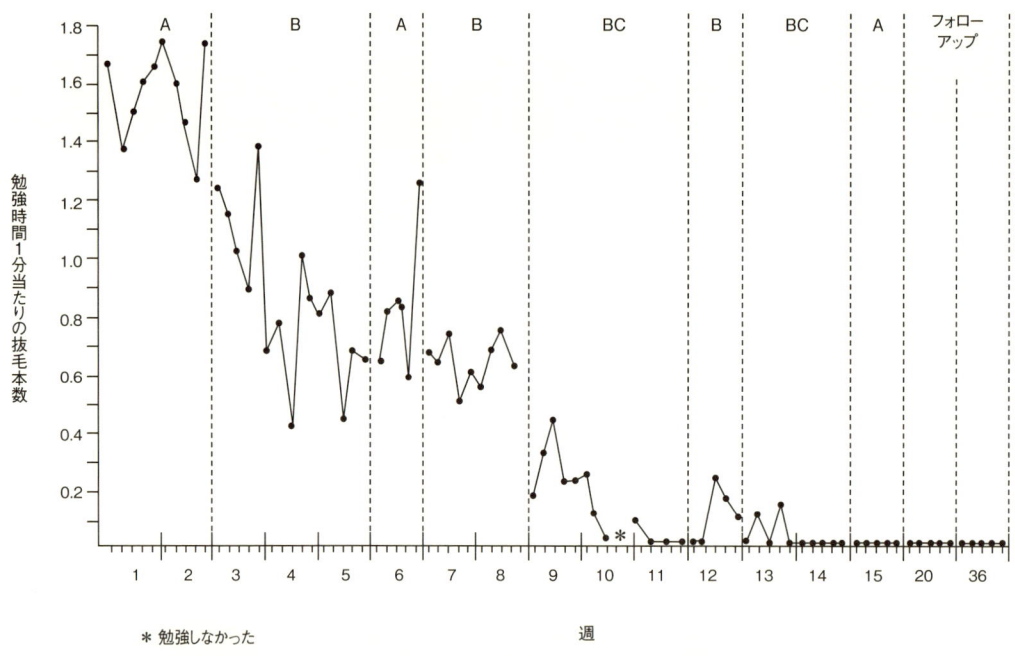

図2-6　ベースライン，援助，フォローアップ段階での勉強時間1分当たりの抜毛本数
　　　(Bernard et al.(1983): The effects of rational-emotive therapy and self-instructional training on chronic hair pulling. Cognitive Therapy and Research, 7(3).)

し，クライエントとの信頼関係にも影響を与えかねません。これに対しては撤去期をなるべく短くすることが1つの対策でしょう。

　図2-6には，このABABデザインの発展形を用いて，抜毛症の17歳の高校生に対する論理情動療法と自己教示法の効果を検討した研究結果を示しました（Bernard et al., 1983）。ABABの後に，さらに自己教示を追加したB+Cの効果も検討するA-B-A-B-BC-B-BC-Aデザインとなっています。論理情動療法単独のB期がベースラインのA期よりも抜毛数を減らしているのがよくわかります。撤去期に戻すと再び抜毛数が増加し始め，再度論理情動療法により減少しますが，そこに自己教示を追加することで，抜毛数を0近くまで減少できます。再び論理情動療法のみにすると若干の増加が見られ，自己教示を再度追加すると0で安定する。介入効果が定着した15週目の撤去期Aでは，全く悪化がみられず，セラピストの援助を借りなくてもセルフコントロールできており，フォローアップでも維持されている。倫理的な問題に対処するために，有効と思われる介入の時期に比べて，撤去期が短めになっているのがわかります。このデザインでは，C単独の効果や，C＋Bという順序での効果が不明である点が課題となります。

②多層ベースラインデザイン

　撤去に関するABABデザインの欠点を補うことができるのが，多層ベースラインデザインです。いくつか別々の変数のベースラインを取ることがこの方法の特徴であり，変数ごとに介入を開始する時期をずらせることで，介入の時期と改善の時期が一致することを確認します。これにより，改善は介入の効果であって，他の要因によるものでないことを確かめます。この方法には，異なるクライエントの1つの反応に関する被験者間ベースライン，一人のクライエントの異なる

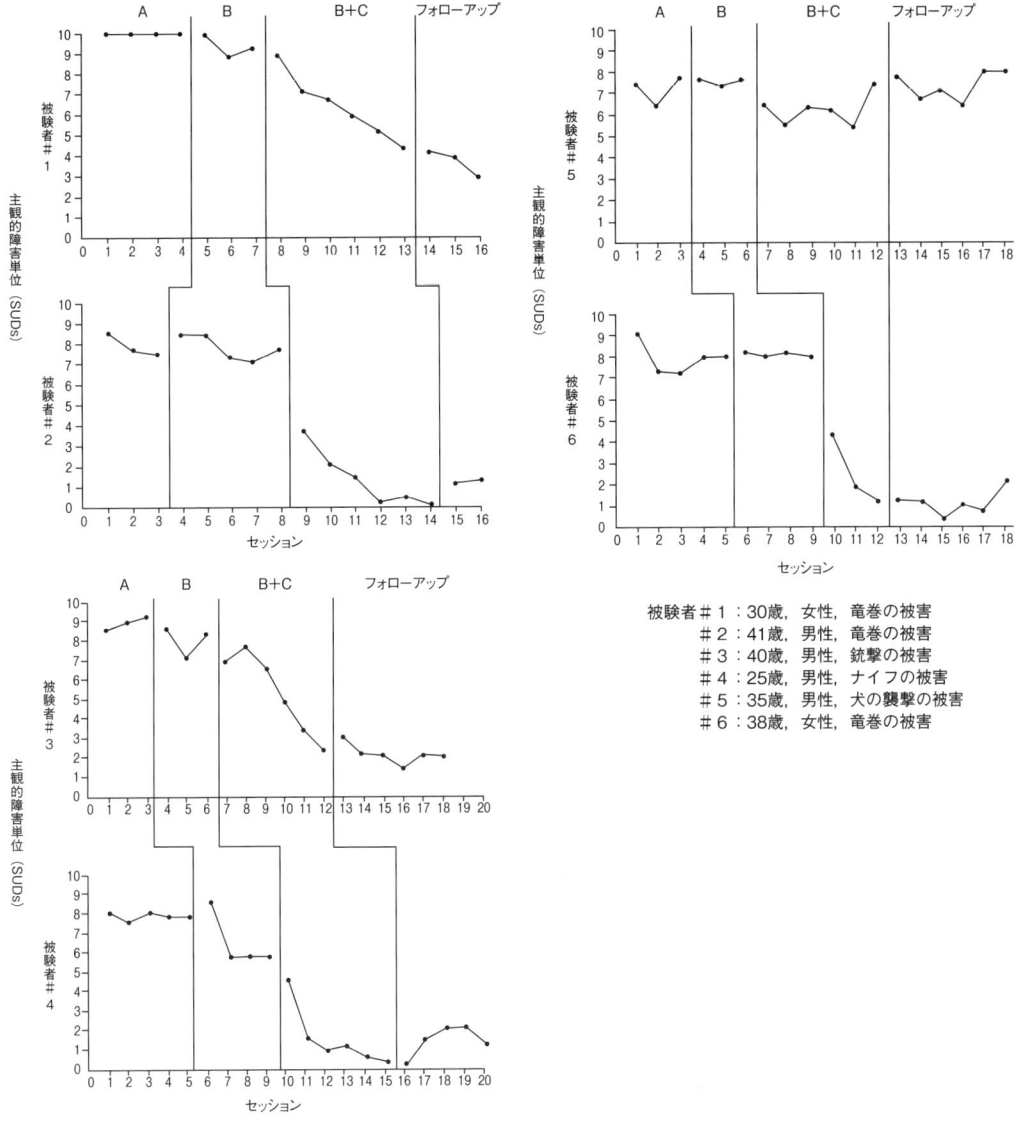

図2-7 6人のクライエントの主観的障害単位の推移
(Montgomery & Ayllon(1994b): Eye movement desensitization across subjects: Subjective and physiological measures of treatment efficacy. Journal of Behavior Therapy and Experimental Psychiatry, 25(3).)

反応に関する行動間ベースライン，一人のクライエントの異なる状況における状況間ベースラインといった3つのパターンがあります。図2-7に，6人のPTSD（心的外傷後ストレス障害）のクライエントに対するEMD（眼球運動による脱感作法）の効果を，一事例実験計画を用いて調べた結果を示しました（Montgomery & Ayllon, 1994b）。縦軸は，外傷場面をイメージしての主観的障害単位で，横軸はセッションです。Aはベースライン，Bはイメージ，B+Cはイメージと眼球運動（EMDの手続き）です。クライエントごとに，AからB，BからB+Cに移る時点をずらしています。B+Cが主観的障害度を下げることが視覚的に確認でき，#5のクライエント

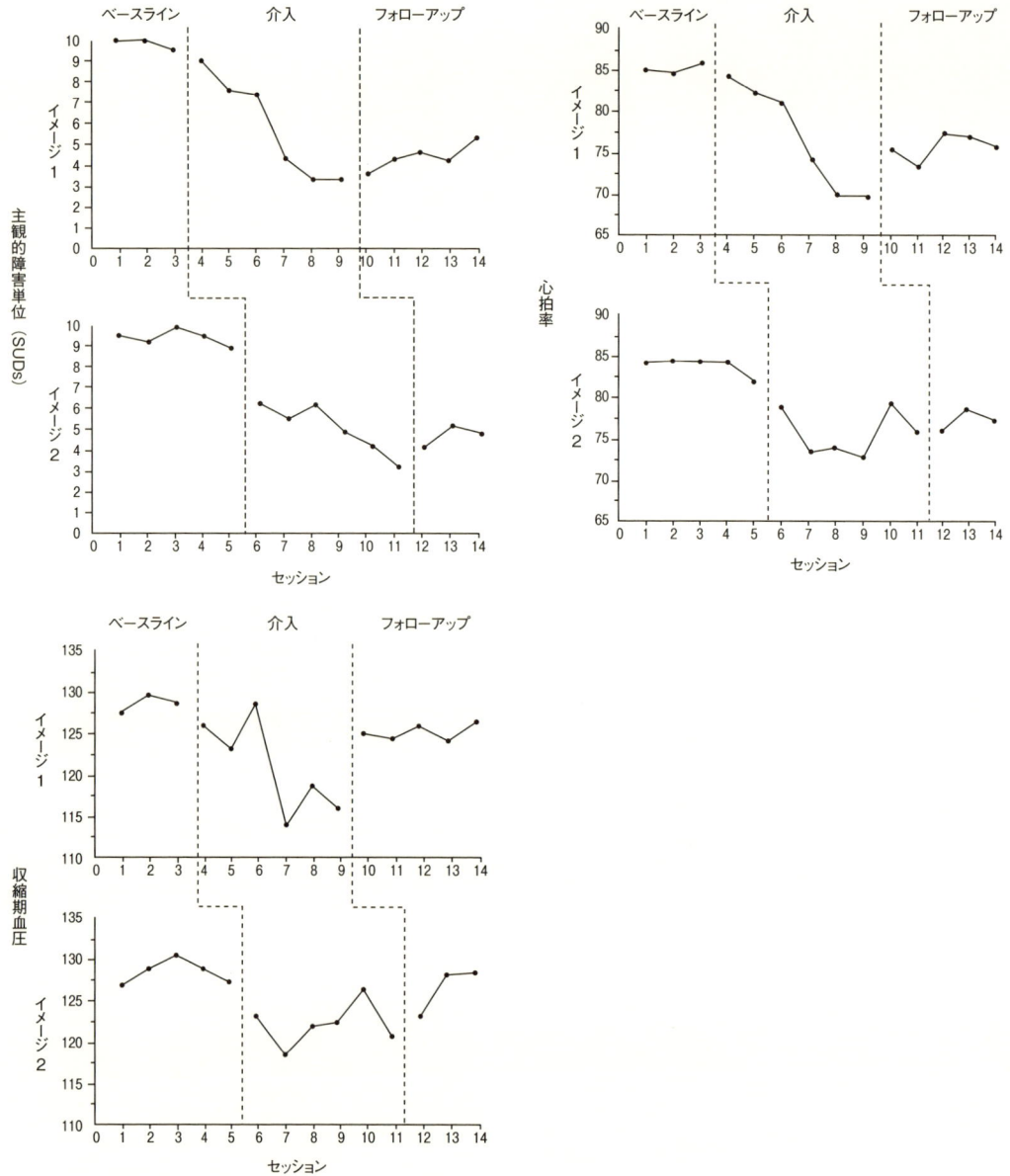

図2-8　二つのイメージ「1:自動車事故　2:ナイフを突きつけられての暴行」に対する主観的障害単位(SUDs),収縮期血圧,心拍率の推移
(Montgomery & Ayllon(1994a): Eye movement desensitization across images: A single case design. Journal of Behavior Therapy and Experimental Psychiatry, 25(1), 23-28.)

を除いて，フォローアップでも維持されていることがわかります。

　行動間ベースラインと状況間ベースラインに関しては，いずれも一人のクライエントにおける反応が指標になるので，独立であるとは限らず，強力な介入においては，般化効果がみられることにより，ある行動，状況での改善により，他の行動，状況でも改善が見られることがあるとデザインの適用そのものが疑問視されることにもなり得ます。長期間の介入の保留も倫理的に問題となり得ます。

図 2-8 には，モンゴメリーとアイロン（Montgomery & Ayllon, 1994a）が 42 歳の離婚歴のある女性の PTSD クライエントの異なる 2 つの外傷的なイメージ（自動車事故，ナイフを突きつけられての暴行）に対して EMD を施した際の主観的障害単位（SUDs），収縮期血圧，心拍率の変化を表しています。ベースラインは安定しており，それぞれのイメージで個々独立に，臨床的介入の導入によって改善がみられており，血圧を除いて，ほぼフォローアップでも効果が維持されていることがわかります。

3）群比較研究
①群分けと評価

クライエントを何らかの統制群と介入群に分けて，その差を比べることで介入効果を見るのが，群比較研究です。介入する前の 2 群には差がなかったが，介入群が統制群よりも統計的に有意な症状の改善を示すかどうかの検討を行います。そのためにプリテストとポストテストとして，介入前後に測定を行います。統制群は大きな変化は起こらないことが仮定されますが，時間による変化，繰り返し測定による変化などの可能性もあります。介入群における変化はこうした変化の上に，治療による変化が加えられたものと捉えることができましょう。統計的な解析には普通分散分析が用いられます。プリテストでの 2 群の等質性が 1 つの重要な鍵です。さまざまな特質において，等質だった 2 群が，介入によってポストテスト時点で異なる 2 群へと変化すれば，それは介入によると考えることができます。症状の深刻度以外にも，介入効果に影響を与える可能性のあるさまざまな特性が等質であることが求められます。たとえば，性別，年齢，学歴，有職かどうか，職業，婚姻状態，年収，臨床的介入への動機づけなどです。

等質性のための最も基本的な方法は，**無作為割り付け**（random assignment）です。クライエントを 2 つの群に割り振る際に，乱数表やサイコロやコイントスなどを使って，無作為に振り分けていきます。各群の人数が十分多くなればこの方法で等質になることが多いですが，効果の分析の前に，t- 検定を行って，異なる 2 群でないことを確認します。

各群の人数が十分に大きくないときには，無作為割り付けに任せると必ずしも等質な 2 群ができない場合もあり，むしろ**マッチング**という方法で，なるべく等質な 2 群を作るように努める場合もあります。プリテスト時点の症状の深刻度を測定し，その値の順に 2 人ずつを組にし，その 2 人を無作為に割り付けることで，その深刻度について等質な 2 群を作ることが可能になります。多くの変数について，マッチングによって等質な群を作ることは不可能なので，実験結果により影響を与えそうだと研究者が考える特質についてマッチングを行うこととなります。

評価の方法についても，考慮すべきポイントがあります。プリテストやポストテストの測定をいかに客観的に行うかが重要です。すなわち，介入と測定が独立して行われる必要があります。治療者が測定を行えば，自分の介入が効果的であったという評価や診断を下してしまう可能性があります。診断，他者評定など評定者の主観によって結果が左右されそうな従属変数を用いる場合には，研究内容やどのクライエントがどの群であるかを知らない第三者が，それも複数の者が信頼性（一致度の高い評定）のチェックを受けつつ行う必要があります。

最も客観的とされる**ダブルブラインド法**は，クライエント自身が特別な治療を受けていると知らず（シングルブラインド），評価者も誰がどの群に振り分けられているか知りません（ダブル

表2-1　実験デザイン

介入条件	測定時期				
	T1	T2	T3	T4	T5
EMDR介入	O1	X　O2	90日	O3	
遅延EMDR介入	O1	O2	X　O3	90日	O4

T=測定時期，EMDR=眼球運動による脱感作と再処理法，O=観察，X=介入．

ブラインド）。双方ともの期待効果を統制できる点で優れています。

マンフィールド（Manfield, 1999）は，EMDR（眼球運動による脱感作と再処理法）の効果を調べるために，片面には，ステレオ録音で左右交互にリズミカルに音が録音されており，もう片面にはモノラル録音で左右同時にリズミカルに音が録音されているテープを用意しました。セラピストのボランティアを募り，テープを送って，彼らが担当している健康度の高いクライエントに渡してもらいました。クライエントはそのテープの片面を聞く前と，後に，いやな記憶について思い出し，感情の強度を評価しました。テープには記号がつけられていますが，記号の意味はクライエントもセラピストも知りません。200名のクライエントの結果を集計した結果，ステレオ録音はモノラル録音に比べて，有意に否定的な感情を低減しました。

②ウェイティングリスト統制群との比較

統制群として，臨床的介入を行わないまま，一定期間（できれば介入群の介入期間）待機してもらってその前後に，2度プリテスト行う群がウェイティングリスト統制群です。普通2度目のプリテストの後には介入を行うので，遅延介入群と呼ぶ場合もあります。この統制群では，待機期間中に，他の治療機関で介入を始めてしまって研究から脱落してしまう危険性が指摘されており，またすぐに介入を開始しないことは倫理的にはどうかという見方もあります。

ウィルソンら（Wilson et al., 1995）は，EMDR（眼球運動による脱感作と再処理法）の効果をPTSDの症状の一部もしくは，すべてを示す80名のクライエントを対象に調べています。表2-1のように，すぐに3セッションのEMDRの介入を行う群（EMDR群）と，ウェイティングリストとして遅れてEMDR介入を行う群（遅延群）に振り分けています。O1とO2がプリテスト・ポストテストであり，群比較を行うことで，EMDRの効果を割り出せます。さらに，EMDR群ではO3で長期の維持効果を確認しています。一方，遅延群のO3では，O2からの改善を確認することで，2群の等質性の確認もできることとなります。O4において，遅延群の長期の維持効果を確認できます。さまざまな指標で，介入により，臨床領域から健常領域へと値が変化し，長期的にも効果が維持されていることが確認できます（図2-9）。統制群を治療しないまま放置せず，遅延群としているのは倫理的には望ましいですが，長期的な自然治癒などの効果を検討することができないのが難点です。

③プラシーボ介入対照群

プラシーボとは偽薬という意味で，薬物療法の効果を調べる際に，身体に特別の効果のない生理食塩水やブドウ糖を与え，治療的介入を受けているというクライエントの期待効果が表れると

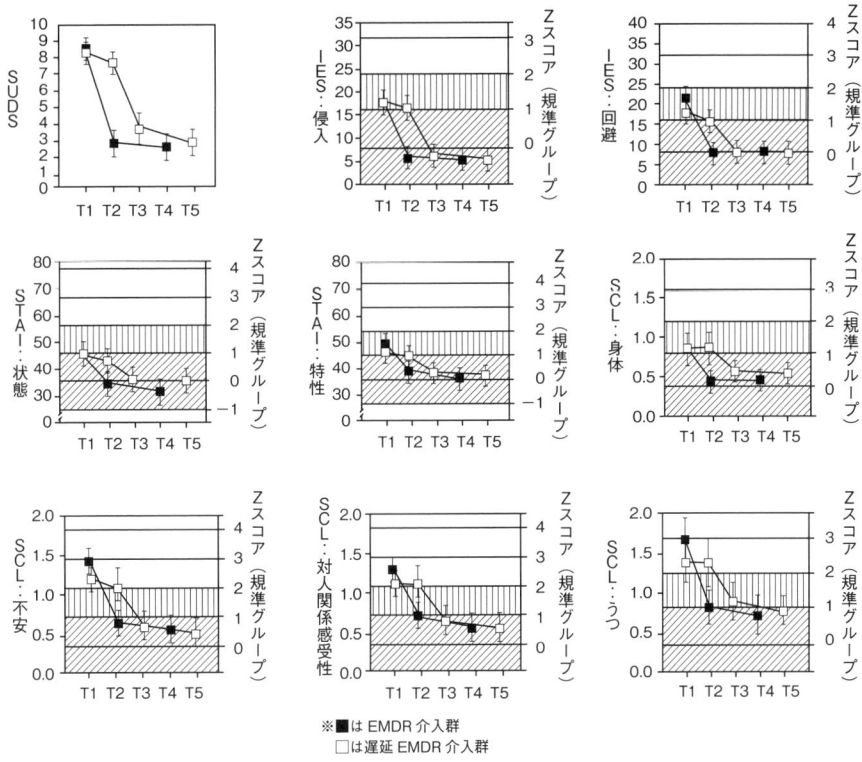

図2-9 さまざまな測度における2群の推移

考えられています。心理療法の場合，プラシーボ介入対照群とは，特別な技法を用いない通常の対応をいいます。上述したダブルブラインドのためには最低必要となります。しかし，効果がないであろう方法を行うことは倫理的には問題があります。

シャピロ（Shapiro, 1989）は，PTSDのクライエント22名をランダムにEMD（眼球運動による脱感作）群とプラシーボ介入対照群に振り分けています。90分1セッションで，外傷場面を思い出してもらい，映像，否定的認知，信じたい肯定的認知，その妥当性（VOC），感情，その強度（SUDs），身体感覚の部位を尋ねました。繰り返しSUDsを聞く前に，EMD群では眼球運動を行い，プラシーボ群では眼球運動を行わず質問を行い繰り返し評定のみを行いました。図2-10に示すように，EMD群ではいやな感情が減少し，望ましい認知の妥当性が上がりましたが，プラシーボ介入対照群では変わりませんでした。その後プラシーボ介入対照群にもEMDの手続きを施すと改善が見られました。

ケンドールら（Kendall et al., 1979）は，心臓カテーテル検査を受ける患者44名を対象に，そうした医療処置を受ける際の不安への効果を認知行動療法群，教育的介入群，プラシーボ介入対照群に無作為に分けて比較しています。認知行動療法群では，不安を感じた際に，「科学の進歩で高価な装置が使われるようになった。医者は使い方に習熟している」といった自己教示を言うようにモデリングも用いて導きました。教育的介入群では，検査の手順を説明しました。プラシーボ介入対照群では，仕事や家族について考察するように促しました。認知行動療法群は状態不安を低減し，医者や看護師による適応度の評価がよいものでした。

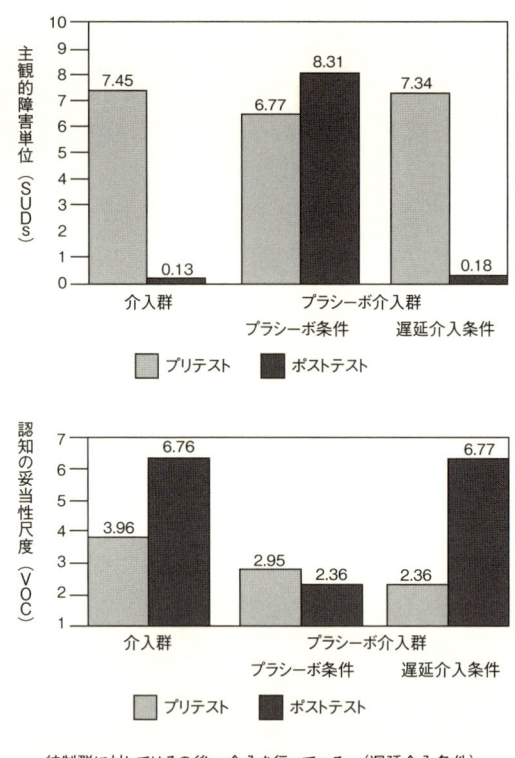

統制群に対してはその後，介入を行っている。（遅延介入条件）

図2-10　介入群,統制群（プラシーボ条件）における
　　　　SUDsとVOCの推移

④他の治療群との比較

　未介入群もしくはプラシーボ介入対照群よりも介入効果が勝ることはさほど難しくありませんが，これまで効果があると考えられてきた他の介入方法と比較し，より効果的であることを示すのはもう一つ上の段階と言えます。

　コバックスら（Kovacs, et al., 1981）は，44名のうつ病のクライエントを，週に2回最大20回の認知療法か，週に1回最大12週の20分の面接とイミプラミン・ハイドロクロライド（三環系抗うつ薬：1日100-250mg）の薬物療法に振り分けた。認知療法群で78.9％が顕著な改善を示しましたが，薬物療法群では20％のみでした。ドロップアウト率も薬物療法群が有意に高いものでした。12カ月後の再発率は，薬物療法群が認知療法群の2倍でした。

　マクリーンとハクスティアン（McLean & Hakstian, 1979）は，178人の中程度のうつを患ったクライエントを8～12回の外来治療で，短期精神分析療法，認知行動療法，薬物療法（アミトリプチリン（三環系抗うつ薬）：1日約100mg），リラクセーションのいずれかに無作為に割り振りました。認知行動療法がもっとも優れた効果を示し，BDIをはじめとする10の指標のうち6つで短期精神分析療法に優り，4つでリラクセーションに優り，3つで薬物療法に優りました。さらに，3カ月後のフォローアップでは認知行動療法が2つの指標で精神分析に優っていました。

⑤介入の要素の分解研究

　介入にはさまざまな要素が含まれていることがあり，それら介入要素のどれが効くのか，どの

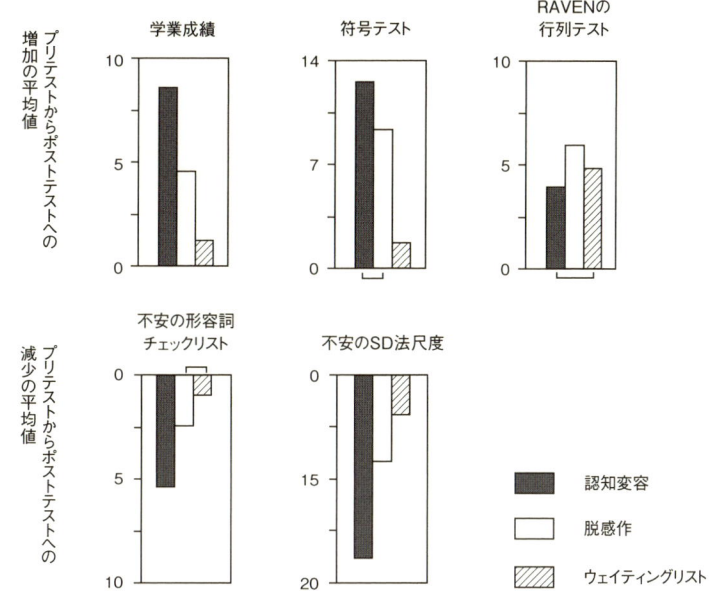

図2-11 プリテストからポストテストへのテスト不安の現れの変化
(Meichenbaum(1972): Cognitive modification of test anxious college students, Journal of Consulting and Clinical Psychology, 39(3).)

側面に対して特に有効なのかといったことがより洗練された介入を求める際には必要になります。

マイケンバウム（Meichenbaum, 1972）は，テスト不安の大学生 21 名を，認知変容群（8 名），脱感作群（8 名），ウェイティングリスト統制群（5 名）に分け，週に1回ペースで60分8回の介入を施しました。認知変容群は，不安を生み出す思考に気づく，それに置き換わる課題やリラクセーションに関連した思考を生み出すといった2つの部分からなります。脱感作群は，リラクセーション練習，不安階層表の作成，これらを用いた脱感作の実施からなります。図2-11に示すように認知変容群がテスト成績，不安ともに他の2群よりも大きく改善しました。図2-12にはさらに不安を促進的な不安，衰弱させる不安と分けた際の変化が示されており，認知変容群がテスト不安の低い者と変わらないレベルまで変化する有効性が示されています。

アーンコフ（Arnkoff, 1986）は，テスト不安の大学生 49 名を対象に，テスト場面での不安に対する対処的自己陳述を教える対処介入群と，テストや評価についての不適応的な信念を再構成する再構成介入群，ウェイティングリスト群の3群に振り分けました。自己の対処能力を上げるのか，状況のストレスの認知的脅威度を下げるのかといったねらいの違いはありましたが，テスト不安，不合理な信念，思考の指標では，介入した2群いずれでも改善が見られ，2群間の差は見られませんでした。

認知行動療法では，症状を行動面，認知面，生理面といった3システムズ・モデル（Lang, 1971）で理解することが多く，個々のクライエントの症状が，3つのどの側面が優位なのかを判断し，よりその側面に焦点を当てた介入を施すことを考えたりします。

ホーグら（Haug et al., 1987）は，10名の飛行機恐怖症のクライエントを，生理的反応者と認

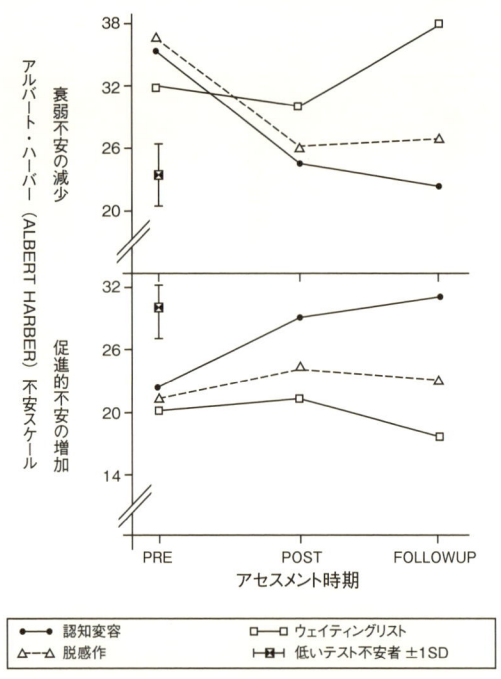

図2-12 アルバート・ハーバー(Albert Harber)不安テストのプリテスト、ポストテスト、1カ月後のフォローアップにおける促進的不安、衰弱的不安の自己評定の平均値
(Meichenbaum(1972): Cognitive modification of test anxious college students, Journal of Consulting and Clinical Psychology, 39(3).))

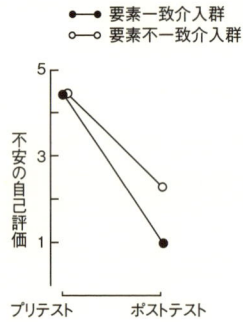

図2-13 要素一致介入群、要素不一致介入群における介入前後の行動テスト時点での不安評価の平均像
(Haug et al.(1987): A three-systems analysis of fear of flying: A comparison of a consonant vs a non-consonant treatment method. Behaviour research and Therapy, 25.)

知的反応者に分けました。彼らに、45分8セッションのストレス免疫訓練（認知的療法）かリラクセーション訓練（生理的療法）を受けさせたのですが、半数のクライエントは要素一致介入群（生理的反応者に生理的介入、認知的反応者に認知的介入）となり、残りは要素不一致介入群（生理的反応者に認知的介入、認知的反応者に生理的介入）となりました。どちらも改善は認められましたが、一致群の方が効果は大きいものでした（図2-13）。

表2-2 研究によって異なる選択次元と臨床場面との類似度

次 元	臨床,非研究場面との類似		
	同一もしくは類似度大	類似度中	類似度小
ターゲットの問題	クリニックで見受ける問題,強く,障害的	クリニックで見受ける問題,深刻度小	問題でない行動,実験課題
対 象	外来のクライエント	介入に関心のない大学生	類人猿
勧誘方法	セラピストを求めるクライエント	介入に勧誘された個人	講義の単位取得に魅かれた被験者
セラピスト	プロのセラピスト	訓練中のセラピスト	非セラピスト,プロでない者
クライエントの構え	治療や改善を期待する	不明確な効果の「実験的」治療を期待	治療に焦点の当たらない実験を期待
介入の選択	クライエントがセラピストと介入法を選択	クライエントは一つの実験中の手続きの少ない選択肢から選択	セラピストも条件も選択できないで介入に割り振られる
介入場面	プロの介入の建物	通常は介入していない大学の建物	実験室
介入の多様性	通常行われる介入	研究目的で介入を標準化するための多様性	類人猿において処置とみなされる介入との同等物
評価方法	クライエントが元々報告した問題の直接的で控えめな測度	関心下の行動を直接集める評価や心理学的機器	問題となる行動についての質問紙への応答

(Kazdin(1998): Research Design in Clinical Psychology(3rd ed.), Boston: Allyn & Bacon.)

⑥アナログ研究

われわれが効果研究を行う際に,その研究結果がどこまで実際のクライエントに般化できるかは大変重要なポイントです。研究では,さまざまな制約があって,実際の臨床場面とは異なる側面があります。この意味では,ほとんどの研究はアナログ研究です。むしろ,より実験室的研究からより実際場面に近い研究までの連続体上にそれぞれの実験を位置づけることができるでしょう。表2-2には,臨床的非研究的状況との類似度の次元を示しました（Kazdin, 1998）。より実際場面に近い研究の結果は臨床実践へと容易に般化可能であり,より実験室的な研究では,般化を考える際には慎重である必要があります。実験室的研究の利点は,介入の非特異的な要素を排除でき,ある要素のみに限定した介入,時間制限的な介入なども可能であること,相対的に倫理面への配慮が少なくて済むこと,比較的多くの等質の被験者・被験体を集められることなどがあります。このようなアナログ研究により,介入過程の一部を明らかにし,介入効果を検討することが可能です。

長江ら（1999）は,シャイネス傾向の高い大学生22名を,認知焦点型自己教示（たとえば,「自分は完璧である必要はない」）群,行動焦点型自己教示（たとえば,「意志の疎通を図るために目と目を合わせよう」）群,ウェイティングリスト統制群3群に振り分けて,オーディオテープとワークシートを用いた2週間の自宅での自己教示訓練効果を検討しています。こうした短期

間の介入にもかかわらず，ウェイティングリスト統制群に比べて，2つの自己教示群はシャイネスの認知的側面の状態的な「自尊感情」，特性的な「自信のなさ・不合理な思考」，さらには特性不安を有意に軽減し，6カ月後まで維持していました。しかし反面，行動面では自己教示の効果は検出できませんでした。

この研究は，被験者，セラピスト，介入期間などさまざまに実際の臨床場面とは異なる要素が含まれています。こうした研究の結果から，すぐに臨床的な社会恐怖のクライエントへの対応に関して，何らかの提案をすることは差し控える方が妥当であるかもしれません。

3. 研究展望の方法論

1) 記述レビュー

ここまでみてきたように，それぞれの研究者や研究グループが患者やクライエントを集めて効果研究を行って論文を書き，ある分野においていくつかの研究がなされることが多くあります。そのどれもが同じようにある介入法が有効だと示してくれれば，そこから導かれる結論は単純ですが，たいがいは有効だとした論文もあれば，無効だとした論文もあるのが普通です。また，複数の介入方法のいずれがより有効かという議論になれば，なかなか片方に軍配が簡単に上がることはありません。古くから行われてきた研究の展望は，記述レビューという方法を取り，それぞれの研究の方法や結果を1つずつ記述し，クライエントの数や質，セラピストの数や質，手続きに不備はないか，従属変数の質や精度，実験デザインなどを議論します。審査が厳しい雑誌の論文，非常に緩やかな論文もあるし，何カ所ものセラピストが関わったり，ダブルブラインドの研究もあれば，そうでないものもあります。どの研究を今回の展望に含めるのか，その研究の結果をどう評価するのか，さらにこうした1つずつの重みづけをどう統合して最終的な結論を導くのか，非常に恣意的に行うことが可能になります。展望をする者が，好意的な結論を出したければ，好意的な研究の方が手続きが厳格で，否定的な研究の手続きは不備があると批判することで，思い通りの結論に達することができるかもしれません。展望者が良心的で，中立的に展望をすると，結局は「この介入に関して，有効であるとする研究もあるが，必ずしも一貫性がなく，今後さらなる研究が望まれる」とほとんど何ら方向性の見えない結論に達することが多いものです (Mullen, 1989)。

2) メタ分析

こうしたかなり恣意的になりがちな研究の展望を数量的な方法を用いて，したがって，客観的に再現可能にする方法として，メタ分析が提案されました (Smith & Glass, 1977)。これは任意の介入効果尺度について，介入群と対照群を比較して次式のような効果値を算出し，その値の大きさによって，効果を評価しようとするものです。

$$\text{効果値 (ES : Effect Size)} = \frac{\text{(介入群の平均値)} - \text{(対照群の平均値)}}{\text{(対照群の標準偏差)}}$$

効果値がプラスならば，介入効果があることを示し，効果値が0なら，介入の効果はなく，マ

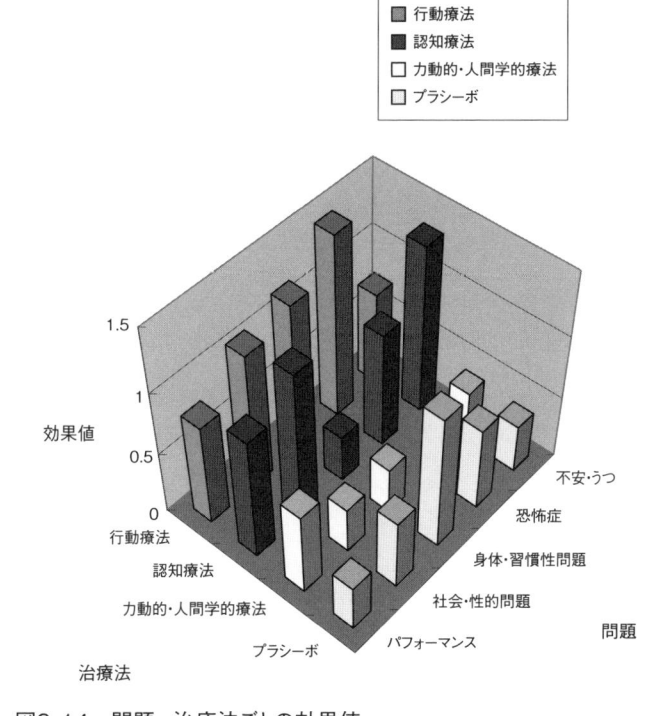

図2-14 問題，治療法ごとの効果値
(Shapiro & Shapiro (1982): Meta-analysis of comparative therapy outcome studies: A replication and reinforcement. Psychological Bulletin, 92, (3).)

イナスならば介入によってかえって，悪化したこととなります。効果値が1ならば，対照群の1標準偏差分効果があったことを示しています。

たとえば，介入技法と問題ごとの効果値を示した図2-14を見ると，認知療法，行動療法が，総じて高く，力動的・人間学的療法はプラシーボより低いものも多いことがわかります。行動療法と認知療法を比べると，認知療法が不安・抑うつといった対象に強く，恐怖症といった対象には行動療法が強いといった，この2つの介入技法の得手不得手が表われているといえます。クライエントの利益を考える際には，疾患に応じて介入技法を使い分けていくか，自分が得意でないとしたら，その技法を得意とするセラピストに紹介することが賢明な選択となると考えられるでしょう。

メタ分析にも問題点は残されています。メタ分析は介入期間やドロップアウト率，再発率に関しては考慮されていません。たとえば，バン・エッテンとテーラー（van Etten & Taylor, 1998）は，PTSDの治療に関して，EMDR，行動療法，SSRIを比較して，EMDRと行動療法の効果を同等程度で効果的（ES=1.2～1.4）と指摘していますが，治療期間はEMDRが約3分の1と短いものです。こうした効率の問題も考慮に入れた比較が是非とも必要でしょう。イクスポージャーを中心とする行動療法が，PTSDに関しては大変ストレスの大きい介入法であることを考えると，ドロップアウト率やクライエントやセラピストに与えるストレスも考慮に入れなければ，公平な比較とはいえないのではないでしょうか。

メタ分析に含める研究の選別も1つの問題点です。統制群を設定した研究であれば効果値の計

算は可能ですが，研究の成否を決めかねない介入やアセスメントの質等は全く別に考慮が必要となる。質の高い研究の効果値，質の低い研究の効果値などを注意深く選別し慎重に結論づけることが必要となりましょう。

3) エビデンス臨床心理学

医学分野でEBM（エビデンス・ベイスド・メディシン：根拠に基づいた医療）が最近注目されています。

治療技法の進歩はめざましいので，臨床家がこうした日々の進歩についていけず，いつまでも旧来のあまり効果が芳しくない方法を使い続けてしまうことが起こります。日々の臨床に追われる臨床家にとっては，新しい論文に常にアンテナを張りめぐらしておくのは容易なことではありません。しかし，今日，インターネットやCD-ROMなどの情報メディアを使って瞬時に検索することが可能であり，一方で，しっかりしたデータベースが整備されつつあるので，居ながらにして，最新の効果の実証された介入方法を探すことができるようになりました。これがEBMの発想であり，偏りのない系統的展望（systematic review）かメタ分析された結果がコクラン・ライブラリー（Cochrane Library）にあって，常に最新の情報へのアップデートが図られています（Sackett, et al., 1997）。精神医学，臨床心理学分野でもアメリカ心理学会（APA）の第12部会が厳しい基準で効果研究の質を吟味しつつ，展望し，疾患ごとに「十分に確立された介入法」「おそらく効果がある介入法」といった基準（表2-3，表2-4）で，さまざまな治療技法を評価しています。表2-5，表2-6には，1998年にアップデートされたこうした基準をクリアーした介入法の一覧を示しています（Chambless et al., 1998）。もちろん，メタ分析も先に指摘したようにさまざまな限界があり，こうしたデータベースの質をもっと向上させていくことは終わりのない課題であることは言うまでもありません。

このように，科学に裏打ちされたデータの集積を根拠にわれわれセラピストは自信をもってクライエントの疾患に合わせた介入法を選択できます。したがって，情報開示も，説明責任も，高い倫理も全うできるということになります。

表2-3 「十分に確立された介入法」の基準

基準 a：	介入手続きが高度に特定化されていること。典型としては介入マニュアルによって特定化されていること。介入手続きが，第三者にも明快に理解できて追試できること。
基準 b：	介入の対象が明らかであること。クライエントの特徴が明確に記述された研究において，介入効果が明らかにされていること
基準 c：	以下の①か②のどちらかにおいて，介入効果が公刊されていること。 ①二つの群を統計的に比較して介入効果があることを示した研究が二つ以上あること。つまり，プラシーボ (pill) 対照群か心理学的プラシーボ対照群よりも有意に効果があるか，あるいは，これまですでに確立された研究と同等以上の効果があるという研究が二つ以上あること。 ②良い実験デザインを用いて，プラシーボ対照群か心理学的プラシーボ対照群か他の介入法よりも優れていることを示した事例研究が多くあること。
基準 d：	異なる二人の研究者によって介入効果が確かめられていること。

アメリカ心理学会の第12部会（臨床心理学部会）の課題班が「十分に確立された介入法」と評価するのに用いた基準。

(Crits-Cristoph et al., 1995)

表2-4 「おそらく効果がある介入法」の基準

基準 a：	表4-3の基準 a と同じ。
基準 b：	表4-3の基準 b と同じ。
基準 c：	①待機リスト対照群よりも効果があるということを示す研究が二つ以上ある。 ②プラシーボ対照群か心理学的プラシーボ対照群よりも効果があるか，あるいは，これまですでに確立された研究と同等以上の効果があるということを示す良い研究が一つはあること。 ③良い事例研究が少数ながらある。または， ④有効性を示す二つ以上の良い研究があるが，しかし，それらは異質のクライエント群を用いた研究にとどまっている。

アメリカ心理学会の第12部会（臨床心理学部会）の課題班が「おそらく効果がある介入法」と評価するのに用いた基準。

(Crits-Cristoph et al., 1995)

表2-5 十分に確立された介入法

介入法	対象	有効性を実証した論文
不安とストレス		
認知行動療法	パニック障害（広場恐怖のあるものも）	Barlowら（1989） Clarkら（1994）
認知行動療法	全般性不安障害	Butlerら（1991） Borkovecら（1987）
イクスポージャー法	広場恐怖	Trullら（1988）
イクスポージャー法・誘導マスタリー	特定の恐怖症	Banduraら（1969） Östら（1991）
反応妨害イクスポージャー法	強迫性障害	van Balkomら（1994）
ストレス免疫訓練	ストレッサーへの対処	Saundersら（1996）
うつ		
行動療法	うつ病	Jacobsonら（1996） McLeanとHkstian（1979）
認知療法	うつ病	Dobson（1989）
対人関係療法	うつ病	DiMascioら（1979） Elkinら（1989）
健康問題		
行動療法	頭痛	Blanchardら（1980）
認知行動療法	大食症	Agrasら（1989） Thackwrayら（1993）
多要素認知行動療法	リューマチ障害をともなった疼痛	Keefeら（1992）
多要素認知行動療法	禁煙のための再発防止	Hillら（1993） StevensとHollis（1989）
子ども		
行動変容法	尿失禁	Houtsら（1993） WrightとWalker（1978）
親業訓練プログラム	反抗行動	WellsとEgan（1988） WalterとGilmore（1973）
夫婦問題		
行動夫婦療法	—	Azrinら（1980） JacobsonとFollette（1985）

アメリカ心理学会の第12部会（臨床心理学部会）の課題班によって「十分に確立された介入法」と評価された介入法。引用文献の詳細は省略。
(Chambless et al.(1998): Update on empirically validated therapies, II. The Clinical Psychologist, 51 (1), 3-16.)

表2-6 おそらく効果がある介入法

介入法	対象	有効性を実証した論文
不安とストレス		
応用弛緩訓練	パニック障害	Öst（1988）
応用弛緩訓練	全般性不安障害	Barlowら（1992）
認知行動療法	社会恐怖	Heimbemら（1990）
		FeskeとChambless（1995）
認知療法	強迫性障害	van Oppenら（1995）
イクスポージャーに附属として用いるカップルコミュニケーション訓練	広場恐怖	Arnowら（1985）
EMDR	文民のPTSD	Rothbaum（印刷中）
		Wilsonら（1995）
イクスポージャー療法	PTSD	Foaら（1991）
		Keaneら（1989）
イクスポージャー療法	社会恐怖	FeskeとChambless（1995）
ストレス免疫訓練	PTSD	Foaら（1991）
再発防止プログラム	強迫性障害	Hissら（1994）
系統的脱感作法	動物恐怖	Kirschら（1983）
		Öst（1978）
系統的脱感作法	スピーチ不安	Paul（1967）
		WoyとEfran（1972）
系統的脱感作法	社会不安	PaulとShannon（1966）
薬物乱用と依存		
行動療法	コカイン使用	Higginsら（1993）
短期力動療法	アヘン乱用	Woodyら（1990）
認知行動療法	コカイン依存	Carrollら（1994）
認知療法	アヘン依存	Carrolら（1995）
認知行動療法	パニック障害患者におけるベンゾジアゼピンの撤去	Ottoら（1993
		Spiegelら（1964）
コミュニティ強化アプローチ	アルコール依存	Azrin（1976）
		HuntとAzrin（1973）
入院治療に付随する手がかりイクスポージャー	アルコール依存	DrummondとGlautier（1994）
プロジェクトCALMC 行動夫婦療法とジスアルフラム）	アルコール乱用と依存の合併	O'Farrellら（1985）
		O'Farrellら（1992）
入院治療に付随する社会的技能訓練	アルコール依存	Eriksenら（1986）
うつ		
短期力動療法	老人	Gallagher-ThompsonとSteffen（1994）
認知療法	老人	ScoginとMcElreath（1994）
ルミニッセンス療法		Areanら（1993）
		ScoginとMcElreath（1994）
セルフコントロール療法		FuchsとRehm（1977）
		Rehmら（1979）
社会的問題解決療法		Nezu（1986
		NezuとPerri（1989）

表2-6　おそらく効果がある介入法（つづき）

健康問題		
行動療法	小児肥満	Epstein ら（1994）
		Wheeler と Hess（1976）
認知行動療法	むちゃ食い障害	Telch ら（1990）
		Wilfley ら（1993）
理学療法と付随した認知行動療法	慢性疼痛	Nicholas ら（1991）
認知行動療法	慢性腰痛	Turner と Clancy（1988）
EMG バイオフィードバック	慢性疼痛	Flor と Birbaumer（1993）
		Newton-John ら（1995）
認知行動療法に付随しての催眠	肥満	Bolocofsky ら（1985）
対人関係療法	むちゃ食い障害	Wilfley ら（1993）
	大食症	Fairburn ら（1993）
多要素認知行動療法	過敏性腸症候群	Lynch と Zamble（1989）
		Payne と Blanchard（1995）
多要素認知行動療法	鎌形赤血球疾患の痛み	Gil ら（1996）
多要素認知行動療法	慢性疼痛	Turner と Clancy（1988）
		Turner ら（1990）
多要素認知行動療法に付随した計画的, 減量的喫煙	禁煙	Cinciripine ら（1994）
		Cinciripine ら（1995）
温度バイオフィードバック	レイノー氏病	Freedman ら（1983）
温度バイオフィードバックと自律訓練法	偏頭痛	Blanchard ら（1978）
夫婦問題		Sargent ら（1986）
情緒焦点カップル療法	中年のストレスカップル	James（1991）
		Johnson と Greenberg（1985）
洞察指向夫婦療法		Snyder ら（1989, 1991）
子ども		
行動変容法	便失禁	O'Brien ら（1986）
認知行動療法	不安障害（過剰不安, 分離不安, 回避性障害）	Kendall（1994）
		Kendall（1997）
イクスポージャー療法	単一恐怖	Menzies と Clarke（1993）
家族不安管理訓練	不安障害	Barrett ら（1996）
性機能不全		
Hurlbert の組み合わせ治療アプローチ	女性の過剰性願望	Hurlbert ら（1993）
Masters と Johnson のセックス療法	女性のオルガズム障害	Everaerd と Dekker（1981）
Zimmer の組み合わせセックス夫婦療法	女性の過剰性願望	Zimmer（1987）
その他		
行動変容法	性攻撃者	Maarshall ら（1991）
弁証法的行動療法	境界性人格障害	Linehan ら（1991）
家族介入	精神分裂病	Falloon ら（1985）
		Randolph ら（1994）
習慣逆転コントロール技法		Azrin ら（1980）
		Azrin ら（1980）
社会的技能訓練	精神分裂病の社会適応改善	Marder ら（1996）
支援的雇用	深刻な精神疾患患者	Drake ら（1996）

アメリカ心理学会の第12部会(臨床心理学部会)の課題班によって「おそらく効果がある介入法」と評価された介入法。引用文献の詳細は省略。
(Chambless et al. (1998): Update on empirically validated therapies, II. The Clinical Psychologist, 51(1), 3-16.)

第3講　ストレスとストレスマネジメント

　ストレスというのは，実は物理学の用語です。論文の検索をしようと「stress」を入れると，物理学の論文がたくさん引っかかってきます。図3-1のように外から力が加わったことによるものの歪みという意味です。力を加える側を「stressor（ストレッサー）」と言い，加えられた状態を「stress（ストレス）」というのです。医学や心理学の分野でこれを使うときは，生体に生じる心理的な歪みとして使います。「stress」はもうほとんど日常語になっていると思いますが，日常的には「レポートが書けなくてストレスだ」「バイトがたくさんあってストレスだ」「上司が怒鳴るのがストレスだ」みたいに使うと思いますが，これでは与える側なのか，受ける側なのか，これら両方を含めて言っているのかよくわかりませんよね。そんな使われ方をしていますが，本来は与える側が「stressor」，受けた状態が「stress」ということになります。この図は力が加わって割れたみたいに見えるかもしれませんが，受ける側に弾性があって，加わる力がはずれると，元に戻る場合もあるわけです。しかし，与える力が強すぎたり，慢性化したりすると，元に戻れない場合があり，これが病気の状態かもしれません。

　ストレスを現在のように医学，生理学，心理学の分野で研究するようになった最初はカナダの生理学者セリエ（Selye, 1956）です。彼が注目するまでは，病理学の興味は，ウィルスの特定にありました。どういう病原菌によってどんな疾患が引き起こされるのか？　逆に言えば，この症状の原因として考えられるのは，どんな菌かということです。そこでは，むしろ，特徴的な症状が注目され，どの疾患でも共通に見られるような症状は意味が無いと考えられていたわけです。たとえば，動悸，発汗などは，多くの病気に見られるので，病名を決定したり，原因を探る際に

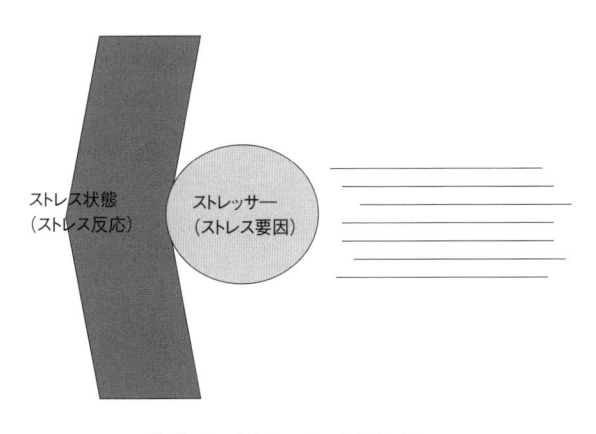

図3-1　ストレッサーとストレス

図3-2　汎適応症候群
(Selye, 1956)

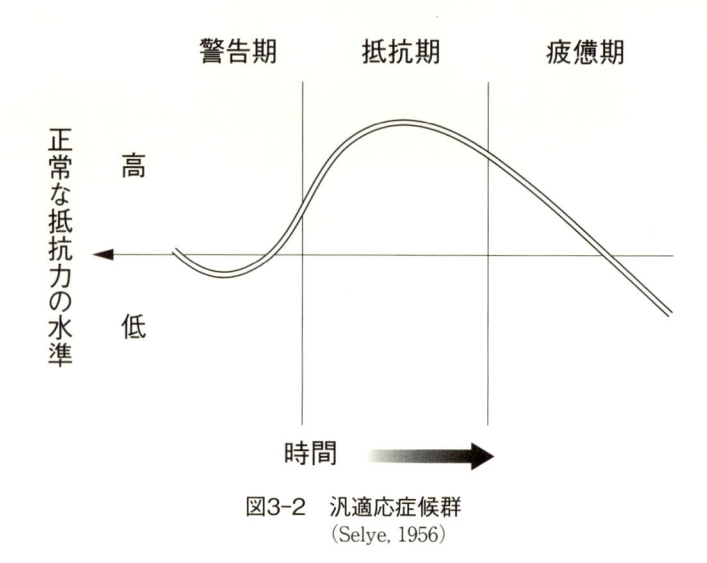

はほとんど役に立ちません。しかし，セリエは逆にこうした共通に見られる症状に注目し，汎適応症候群という言葉でこうした症状を表しました。すなわち，生体が環境に適応するためにがんばることで，このような変化が起こります。図3-2でわかるように，時間の経過で3つの時期に分けていますが，ある環境（ストレッサー）にさらされると，抵抗力が若干下がります。それから，がっと頑張って耐えようと努力します。抵抗期に移行すると，かなり高いレベルで抵抗力が働き，一見ストレッサーがないときよりもむしろ元気に見えるかもしれません。しかし，これが永く続くと段々消耗していきます。疲憊期になると，どんどん頑張れなくなっていき，病気や死へと向かうわけです。大きな震災の後の避難所の様子などを思い浮かべていただくといいかもしれませんね。

　次の表3-1はストレス反応の表です。この表の上に，急性の反応，下に慢性の反応，すなわち，一過性のものと永くさらされたときです。また，左から，心理的，情動的側面，次が生理，身体的側面，右が行動的側面となって，いろんな側面にいろんな形で影響が出るのがわかります。慢性反応が先ほどの疲憊期に対応してると考えてもいいかもしれません。

　表3-2はホルムズ（Holmes）らが作成したストレッサーとしてのライフイベントの表です。配偶者の死を100点，結婚を50点とした時，それ以外の出来事が何点くらいになるか？　これは，社会的再適応評価尺度と言いますが，すなわち，出来事を経験した後に，また再適応するのにどのくらいの労力が必要かを点数化したLCU（Life Change Unit）を調べています。みなさんも，過去1年以内に経験したものを選んで，そのLCUを全部足してみましょう。150未満なら，近い将来病気になる可能性は低い〜ほどほど。150〜299なら，近い将来病気になる可能性がほどほど〜高い，300超えていたら，近い将来病気になる可能性が高い〜非常に高いとなります。みなさん，大丈夫でしたか？

　次が，仕事とストレスの関係（図3-3）。学生のみなさんにはあまり関係ないかもしれませんが，みなさんが担当するクライエントさんに当てはめてもいいですし，もしかしたら，親御さんで考えてみるのもいいかもしれないですね。残業なしで普通に勤務すれば週40時間ぐらいですね。40〜45時間労働あたりで，体力的な疲労，精神的にストレス合わせると65%ぐらいでし

表3-1　主観的ストレス反応の種類およびその代表的症状の例
（岩田, 1997）

	心理的・情動的側面	生理的・身体的側面	行動的側面
急性反応	不安・緊張・怒り・興奮・混乱・落胆	動悸・発汗・顔面紅潮・胃痛・下痢・振戦・筋緊張	回避・逃走・エラー（ミス）・事故・口論・喧嘩
慢性反応	不安・短気・抑うつ・無気力・不満・退職願望	疲労・不眠・循環器系症状・消化器系症状（潰瘍・過敏性腸症候群）・神経筋肉系症状（頭痛・こり・痛み）	遅刻・欠勤・作業能率の低下・大酒・喫煙・やけ喰い・生活の乱れ（ギャンブル等）

表3-2　社会的再適応評価尺度
（Holmes & Rahe, 1967）

出来事	LCU	出来事	LCU
配偶者の死	100	息子や娘が家を離れる	29
離婚	73	姻戚とのトラブル	29
配偶者との離別	65	自分の特別な成功	28
拘禁（期間）	63	妻が働き始める，仕事を止める	26
親密な家族メンバーの死	63	学校に行き始める，終了する	26
自分のけがや病気	53	生活条件の変化	25
結婚	50	個人的な習慣の変更	24
失業（解雇）	47	上役（ボス）とのトラブル	23
婚姻上の和解	45	労働時間や労働条件の変化	20
（定年）退職	45	住居の変化	20
家族メンバーの健康上の変化	44	学校の変化	20
妊娠	40	気晴しの変化	19
性的な障害	39	宗教活動の変化	18
新しい家族メンバーの獲得	39	社会活動の変化	19
ビジネスの再調整	39	1万ドル以下の抵当やローン	17
経済状態の変化	38	睡眠習慣の変化	16
親密な友人の死	37	同居の家族数の変化	15
他の仕事への変更	36	食習慣の変化	15
配偶者との口論の数の変化	35	休暇	13
1万ドル以上の借金（抵当）	31	クリスマス	12
借金やローンでの抵当流れ	30	軽微な法律違反	11
職場での責任の変化	29		

ょうか。体力的疲労よりも，精神的なストレスの割合が結構高いのがわかりますね。さらに，60時間を超えると，ストレスを感じない人は15％くらい。体力的にも疲労を感じる人が35％にも達します。

　さらに，次の図3-4は，横軸に超過時間，すなわち残業時間をとって，左の縦軸は，1日の仕事の後に何かをやる気が起こらない人の％をあげています。右の縦軸は抑うつ傾向得点です。この2つのグラフはほぼ平行して右上がりであることがわかります。因果関係は言えませんが，うつっぽいということと，帰宅後何かをする気にならないということは，関連があると考えてもいいのかもしれません。残業が100時間というと，働く日が20日とすれば，毎日5時間くらいは残業をしている，すなわち，退社が毎日10時というような状況ですね。

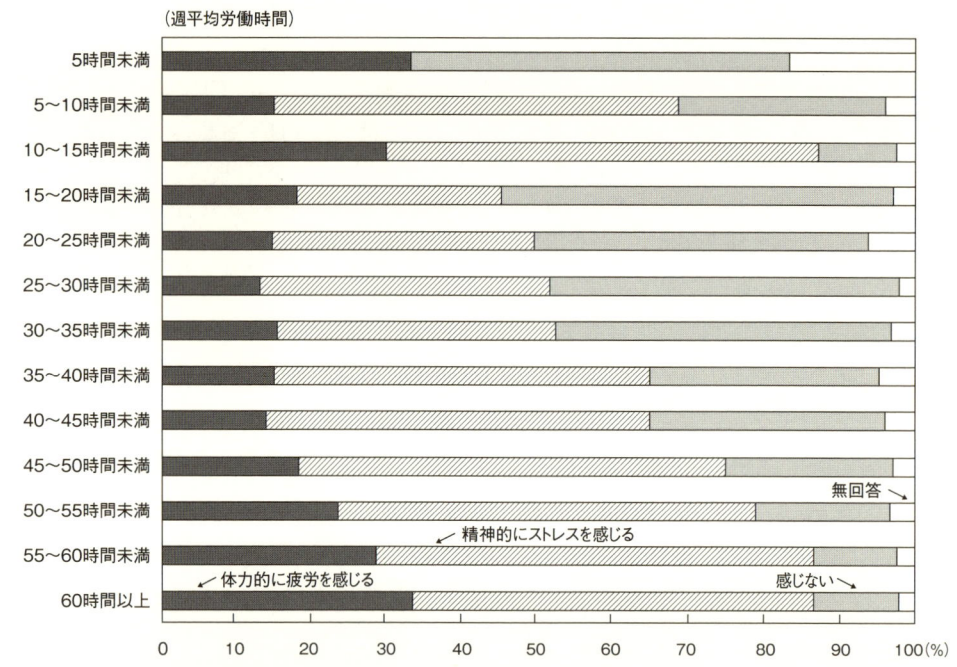

資料出所　(独)労働政策研究・研修機構「人口減少社会における人事戦略と職業意識に関する調査(従業員調査)」(2004年)を厚生労働省労働政策担当参事官室にて特別集計
(注)　複数回答。

図3-3　仕事とストレス1：週平均労働時間別現在の仕事の疲労感，ストレス感

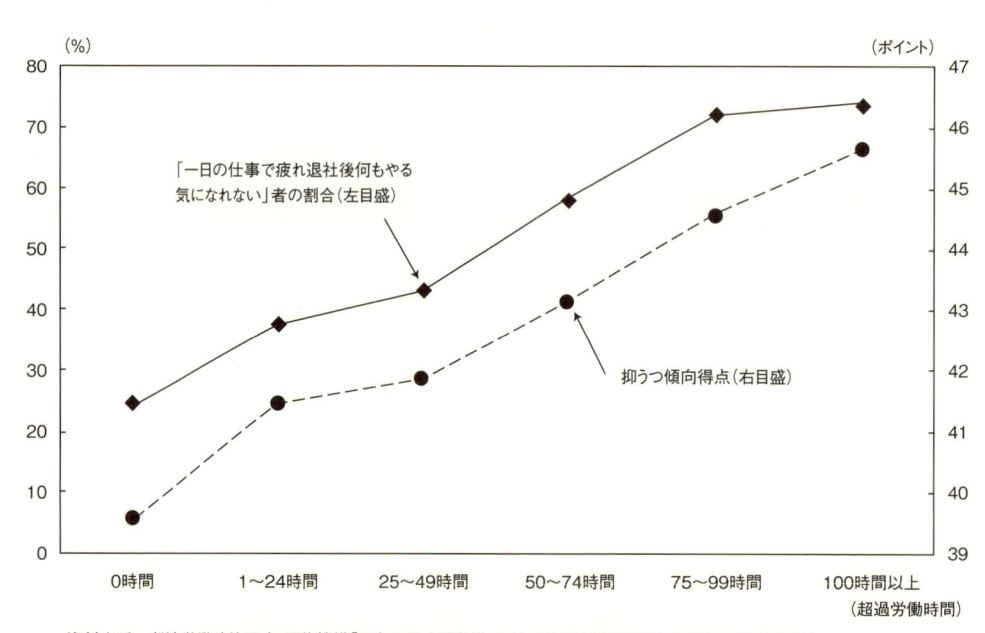

資料出所　(独)労働政策研究・研修機構「日本の長時間労働・不払い労働時間の実態と実証分析」(2005年)
(注)　1)「一日の仕事で疲れ退社後何もやる気になれない」者の割合は，「いつもそうだ」，「しばしばある」と答えた者の合計。
　　　2)抑うつ傾向得点は，ツングの抑うつ尺度20項目を数量化して算出したもの(付注2参照)。

図3-4　仕事とストレス2：時間労働とメンタルヘルスの関係

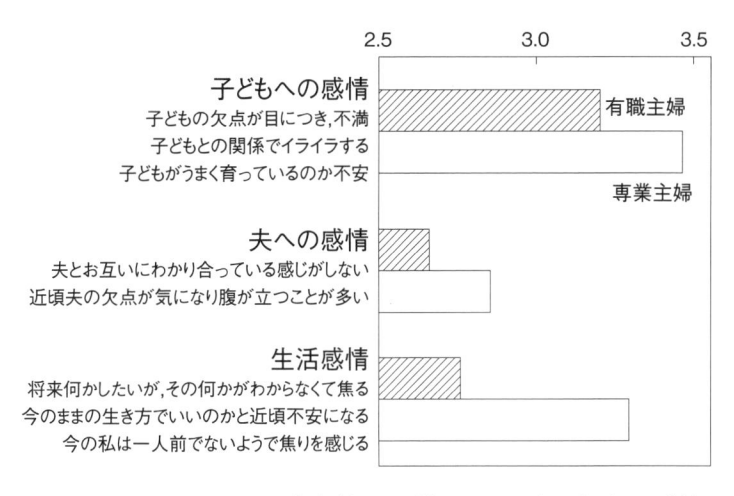

図3-5　ストレッサーとしての家庭（妻の不満）：子ども・夫・生活への感情
専業主婦と有職主婦（働く母）では異なる（永久，1995）

　次からのいくつかの図は，女性の労働に焦点を当てています。1つ目の図3-5は有職主婦と専業主婦の比較です。子どもへの感情，夫への感情，生活感情と分けて，有職主婦と専業主婦でどのくらい不満があるかです。横軸は不満の得点となりますが，いずれも専業主婦の方が不満が高いのがわかります。特に，生活感情では，大きな差が開いています。アイデンティティの危機みたいな状況ですね。専業主婦は，学校で〇〇ちゃんのママ，夫の転勤には付いていくのが当たり前，みたいな感じで，自分が何者なのか，わからなくなるかもしれません。
　次の図3-6は女性の就業率。横軸が年齢で，年齢につれて就業率の変化が見てとれます。日本，ドイツ，韓国，スウェーデン，アメリカのグラフです。日本と韓国は，30〜34歳が谷になっていて，M字型になっているのがわかりますね。女性が結婚，妊娠，出産などを機に職場を離れるわけです。そして，その後再び，仕事に戻っていきます。日本と韓国以外はこうした落ち込みがないのがわかりますね。次に右下の図を見てください。就業希望者数を足すと，M字の谷が消えることが見てとれます。すなわち，女性たちは働き続けたいが，仕方なくいったん仕事を離れる決断をしていることがわかります。日本が欧米と比べて女性が勤め続けにくい国ということがわかります。マタハラという言葉を聞いたことがあるでしょうか？　マタニティ・ハラスメントのことです。妊娠，出産した女性が職場で周囲からのいやがらせに遭うことを指しています。男性からのみでなく，女性からも「辞めた方がいい」とか「忙しい部署は無理だろう」とか言われて差別を受けるのです。女性からも「両方手に入れようなんて欲張り」みたいな妬みを受けたりするケースもあるようです。
　男性の意識（図3-7）を見てみましょう。昭和54年から平成24年までです。これを見ると，男性は仕事，女性は家庭ということに関する意識は，男女ともに変わってきていますが，最近になってやや保守化，すなわち，男は仕事，女は家庭が増えつつあるのが気にかかります。また，次の，夫婦の就業と育児分担（図3-8）を見ると，共稼ぎ夫婦でも妻の負担が非常に大きいのがわかります。ワーク・ライフ・バランス（図3-9）に関する希望と現実，特に現実は，母親と父親でこんなに異なってしまっています。すなわち，希望では，父母共に，仕事と家事・育児を同

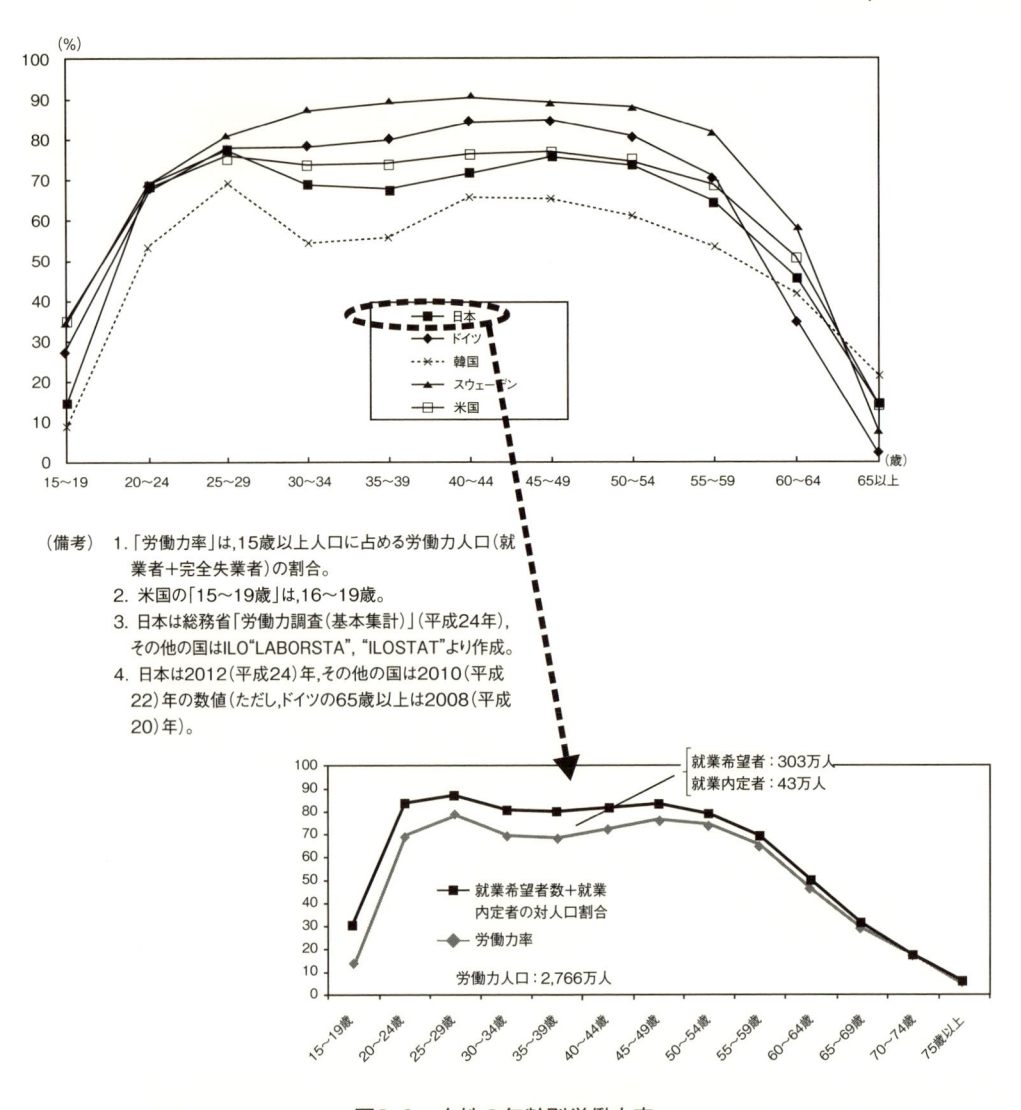

(備考) 1.「労働力率」は，15歳以上人口に占める労働力人口（就業者＋完全失業者）の割合。
2. 米国の「15～19歳」は，16～19歳。
3. 日本は総務省「労働力調査（基本集計）」（平成24年），その他の国はILO"LABORSTA","ILOSTAT"より作成。
4. 日本は2012（平成24）年，その他の国は2010（平成22）年の数値（ただし，ドイツの65歳以上は2008（平成20）年）。

就業希望者：303万人
就業内定者：43万人
労働力人口：2,766万人

図3-6　女性の年齢別労働力率

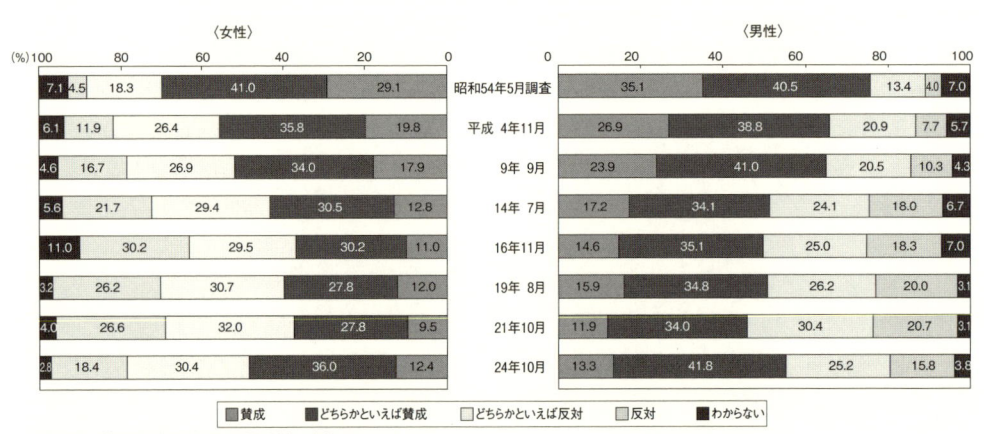

図3-7　「夫は外で働き，妻は家を守るべきである」という考え方に関する意識の変化

(備考) 内閣府「男女共同参画社会に関する世論調査」より作成。

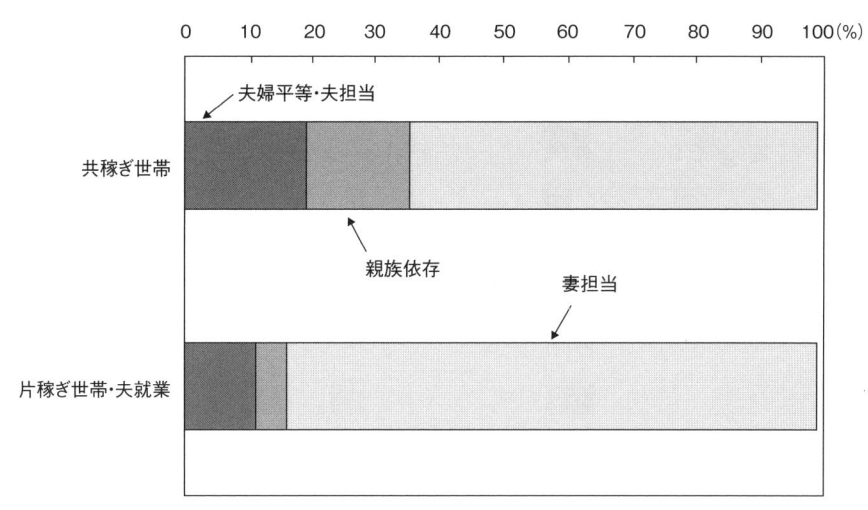

第3講 ストレスとストレスマネジメント 45

図3-8 夫婦の就業と育児分担

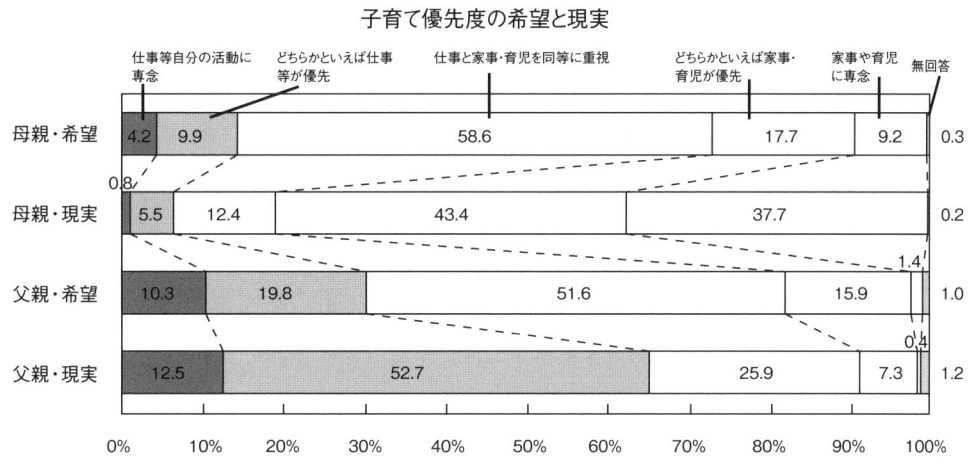

資料出所 （独）労働政策研究・研修機構「仕事と生活の調和を可能にする社会システムの構築に関する研究―中間報告―」（2006年）
（注）「夫婦平等・夫担当」,「親族依存」,「妻担当」の用語の説明
夫婦担当・夫担当：家事・育児を行っているのがもっぱら夫であるか主に夫である場合,または,妻と夫がほぼ同等に分担しているか,主に妻が行っているが夫もかなり手伝っている場合。
親族依存：夫婦以外の親族が,家事・育児をもっぱら行っているか主に行っている場合,または夫婦のどちらかと他の親族が同等に家事・育児をしているか,親族がかなり手伝っている場合。
妻担当：家事・育児を行っているのが,もっぱら妻であるか,主に妻が行って他の人が少し手伝っている場合。

子育て優先度の希望と現実

	仕事等自分の活動に専念	どちらかといえば仕事等が優先	仕事と家事・育児を同等に重視	どちらかといえば家事・育児が優先	家事や育児に専念	無回答
母親・希望	4.2	9.9	58.6	17.7	9.2	0.3
母親・現実	0.8 / 5.5	12.4	43.4	37.7		0.2
父親・希望	10.3	19.8	51.6	15.9	1.4	1.0
父親・現実	12.5	52.7	25.9	7.3	0.4	1.2

（備考）未就学児を持つ2,000世帯の父母を対象とした,子育て家庭における支援ニーズとその背景を「少子化対策プラスワン」の枠組みにのっとった形で,把握することを目的とした調査
資料：（株）UFJ総合研究所「子育て支援策等に関する調査研究」（平成15年）より作成。

図3-9 仕事と生活の調和（ワーク・ライフ・バランス）に対する希望と現実

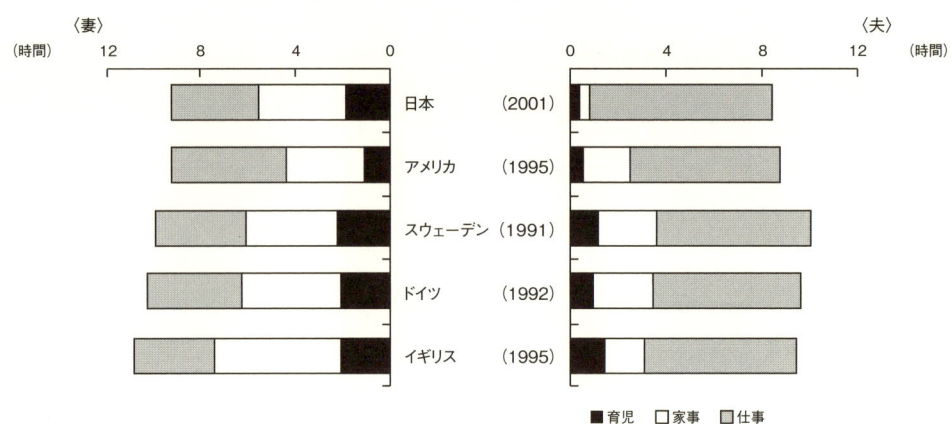

育児期にある夫婦の育児,家事及び仕事時間の各国比較

(備考) 1. 5歳未満(日本は6歳未満)の子どものいる夫妻の育児,家事労働及び獲得労働時間。
2. 妻はフルタイム就業者(日本は有業者)の値,夫は全体の平均値。
3. 「家事」は日本以外については「Employment outlook 2001」における「その他の無償労働」,日本については「社会生活基本調査」における「家事」,「介護・看護」及び「買い物」の合計の値であり,日本以外の「仕事」は,「Employment outlook 2001」における「獲得労働」の値。
資料：OECD「Employment outlook 2001」,総務省「社会生活基本調査」(平成13年)より作成。

図3-10　育児期にある夫婦の育児,家事及び仕事時間の各国比較

時に重視したいと思っていますが，現実は，母は家事，育児が優先になる傾向があり，父は仕事が優先になる傾向があるわけです。国際的に見ても夫の育児・家事時間の短さ（図3-10）は目立ちます。

　次は，子どもに関して見ていきます。いつの時代も，世代間のギャップというのはあって，親から見ると，なかなか子どもの考えていることはわからない。親の心子知らずということになります。でも，未来の世界や日本は彼らの肩にかかっていることを考えると，彼らに期待を抱くわけです。小学校5年生に対して行った調査の結果の国際比較（表3-3）があります（ベネッセ教育研究開発センター，2007）。東京，ソウル，北京，ヘルシンキ，ロンドン，ワシントンDCで2006年頃に行われた調査です。今は，調査を受けた彼らは19歳くらい，大学1年生あたりになっている計算ですね。

　学習に対する意欲（図3-11）です。「問題が解けたり，何かがわかると嬉しい」に関して，北京の低さが目を引きますが，日本もソウルに比べたらかなり低い。欧米並み。「もっと成績をよくしたい」は，ソウルの高さが異常な感じ。「新しいことを知るのが好きだ」が一番低いのはどうにも，試験のための勉強になっているということでしょうか？　一方で，「勉強で友達に負けたくない」で，ソウルや中国との大きな差。小5は，負けることを怖がって，競争心を表明することを怖がっているのか？　それとももう負け慣れていて，競争から降りているのでしょうか？

　一方，社会観（図3-12）としては，努力すれば報われる国だと，他の国と比べてあまり思っていない。社会主義の中国より思っていない。努力に対して価値を見出していないとしたら，なるようにしかならないというあきらめがあるのでしょうか？　また，競争の激しさもあまり感じていない。努力や競争から降りている，あきらめの境地でしょうか？

　高校生（図3-13）に関して，中国，アメリカと比較したデータがあります。「個人として大切

表3-3 国際比較（6カ国小学校6年生）

	東京	ソウル	北京	ヘルシンキ	ロンドン	ワシントンDC
調査時期	2006年6〜7月	2006年6〜7月	2006年10月	2006年11月	2006年11月〜2007年1月	2006年12月
年齢（相当学年）	10歳・11歳（5年生）	10歳・11歳（5年生）	10歳・11歳（5年生）	10歳・11歳（4年生）	10歳・11歳（6年生）	10歳・11歳（5年生）
学校数（校）	33	19	14	12	19	11
サンプル数（名）	1,105	1,300	1,195	526	891	955
調査地域	東京23区内	ソウル市内	北京市内（農村地区を除く）	ヘルシンキ市内	ロンドン市内	ワシントン・メトロポリタンエリア（ワシントンDC、プリンスウィリアム郡
調査方法	学校通しの質問紙による自記式調査	学校通しの質問紙による自記式調査	学校通しの質問紙による自記式調査	学校通しの質問紙による自記式調査	学校通しのWEB調査	学校通しの質問紙による自記式調査

問題が解けたり、何かがわかるとうれしい
- 東京: 79.5
- ソウル: 93.2
- 北京: 49.4
- ヘルシンキ: 81.9
- ロンドン: 78.5
- ワシントンDC: 77.6

もっと成績をよくしたい
- 東京: 75.5
- ソウル: 96.8
- 北京: 78.7
- ヘルシンキ: 72.8
- ロンドン: 76.9
- ワシントンDC: 69.5

新しいことを知るのが好きだ
- 東京: 61.7
- ソウル: 83.8
- 北京: 74.5
- ヘルシンキ: 77.9
- ロンドン: 79.3
- ワシントンDC: 70.1

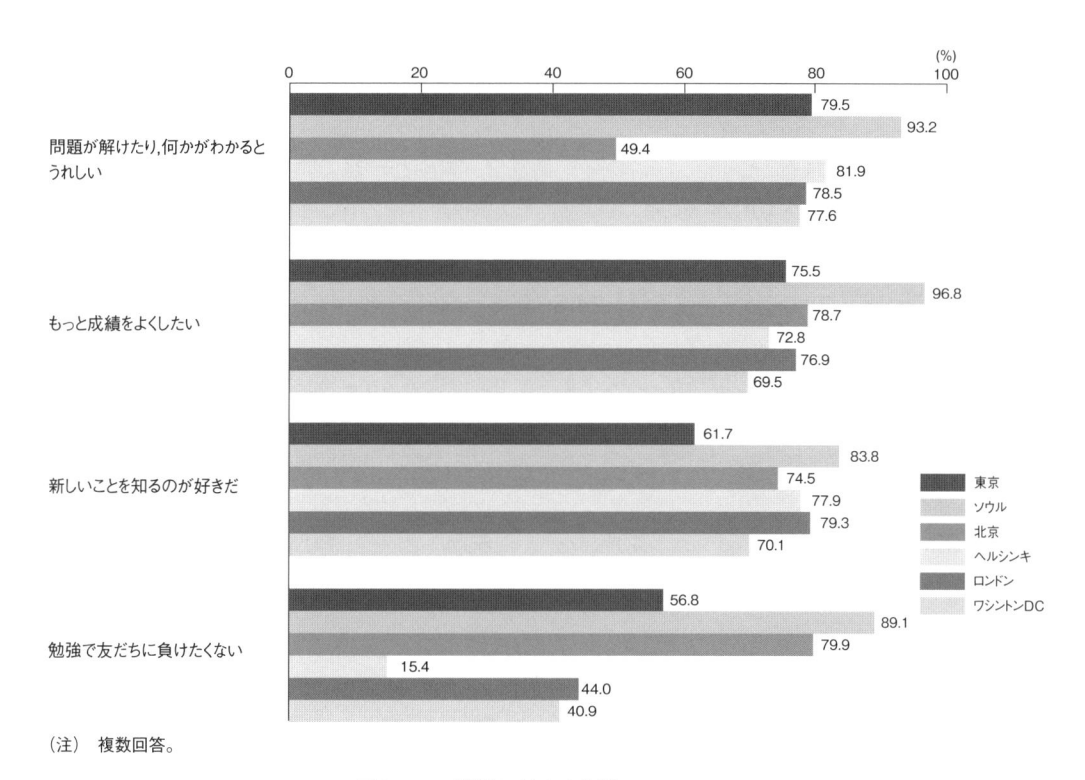

勉強で友だちに負けたくない
- 東京: 56.8
- ソウル: 89.1
- 北京: 79.9
- ヘルシンキ: 15.4
- ロンドン: 44.0
- ワシントンDC: 40.9

（注）複数回答。

図3-11 学習に対する意欲

にしていること」ですが，これで見ると，「仕事をがんばること」は中国，アメリカと比較して低く，家族と一緒の時間，自分の自由がいずれも大きいです。先ほどの成人のワーク・ライフ・バランスを考えると，希望と現実のギャップにいずれ直面するということなのでしょうか？ 夢見る高校生が単なる仕事人間に切り替わっていくと考えたらいいのでしょうか？ 子どもが成長

■ とてもそう思う　■ まあそう思う

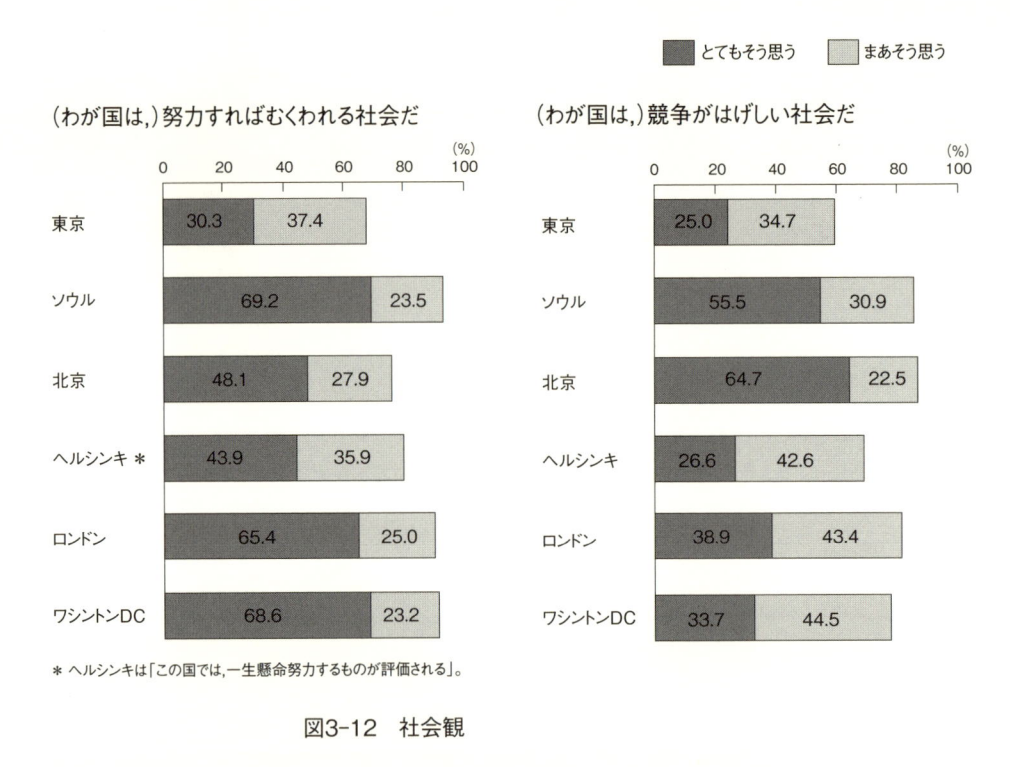

(わが国は,)努力すればむくわれる社会だ

	とてもそう思う	まあそう思う
東京	30.3	37.4
ソウル	69.2	23.5
北京	48.1	27.9
ヘルシンキ*	43.9	35.9
ロンドン	65.4	25.0
ワシントンDC	68.6	23.2

(わが国は,)競争がはげしい社会だ

	とてもそう思う	まあそう思う
東京	25.0	34.7
ソウル	55.5	30.9
北京	64.7	22.5
ヘルシンキ	26.6	42.6
ロンドン	38.9	43.4
ワシントンDC	33.7	44.5

＊ヘルシンキは「この国では,一生懸命努力するものが評価される」。

図3-12　社会観

■ 1. 仕事をがんばること　　■ 2. 家族と一緒の時間を作ること
■ 3. 自分の自由を大切にすること

	1	2	3
中国	34.0	24.5	41.3
米国	28.0	22.3	43.8
日本	13.9	35.7	49.7

(財)一ツ橋文芸教育振興会・(財)日本青少年研究所(2005)

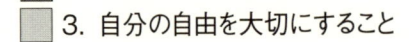

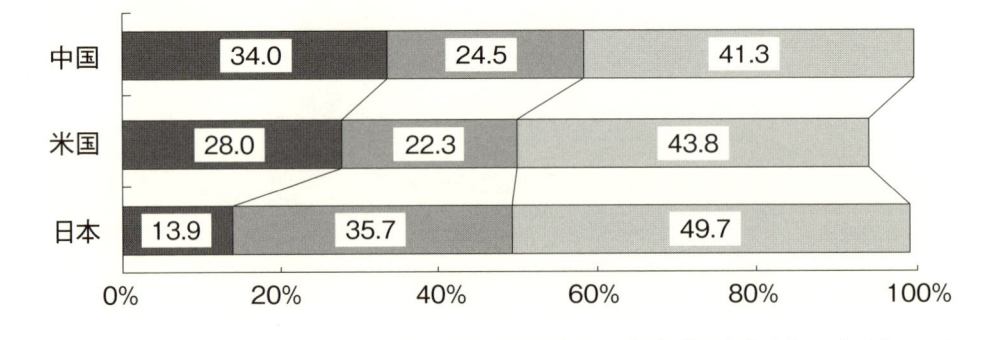

図3-13　個人として大切なこと
2004年高校生調査（日本：1320名,
　アメリカ：1020名,中国：1309名）

して大人になる際に直面するストレスが垣間見える気がしますね。もちろん，大人から見て，大変道理のわかった，ものわかりのいい子どもなんて決していい大人になっていくものではないと思います。大人と子どもの間に，意識の溝があったり，ぶつかり合いがあることの方が健全な気もするわけです。いつの時代も若者は年長者の価値観に挑戦したり，壊そうとする中で成長すると思います。

ここまで，仕事，家庭，子どもなどいろんなストレス（ストレッサー）について見てきました。これですべてが網羅されているわけでないことは言うまでもありません。たとえば，心理学の研究（Smith et al., 2003）では，予測可能性の有無がストレス要因として指摘されています。自身の結婚とか，子どもの大学入学などは，普通予測して，それに向けて，精神的にも金銭面でも準備しますね。会社の転勤などでもそろそろ転勤がありそうだとわかる場合があるようですが，突然言われて，1週間で準備するといったケースもあるようですね。転勤族と言って，転勤に慣れている方もいて，そもそも荷物を増やさない人もいます。たとえば，発達障害という病気の方は，突然の変更がとてもストレスになります。気持ちを切り替えられません。時間割の変更や，食事のメニューの変更が受け入れられないことなどがあります。

　もう一つ，内的葛藤というストレッサーもあります。自立と依存，親密と孤独，協力と競争，衝動的表現と道徳的規律などがぶつかり合います。親から自立したい，でも依存もしたいという葛藤はかなり発達の小さい頃からあるように思いますね。自分でするとダダをこねてみたり，ママ助けてと依存したり。大学生や，下手すれば結婚，出産後も依存しているケースもあるように思いますし，依存の対象が親から配偶者に変わっただけというような人もいるように思います。

　親密と孤独。群れていれば，自分で決めなくてよくて，楽かもしれませんが，マイペースは守れません。トイレまで一緒に行くぐらいならまだかわいいようですが，集団万引きするようでは困りますね。一人でいると孤独とともに，自由を感じられます。寂しさが解放感に優るようだと親密を求める方向へ行きそうです。

　協力と競争。たとえば，スポーツのチームは，一緒に練習する仲間であり，でも，レギュラーを争うライバルでもあるわけです。行き過ぎたライバル心はいじめを産んだりしますね。

　衝動的表現と道徳的規律。数学の授業中に絵を描きたいとか，歌を歌いたいとか，そういう衝動は抑えます。教室では静かにしているべきというような判断で行動をコントロールします。

　ストレス研究は時代と共に変化してきました。最近の考え方はラザラスら（Lazarus & Folkman, 1984）によって提案されたもので，ストレスを過程（プロセス）として捉えます（図3-14）。すなわち，ストレスを与える側であるストレッサーと受け手である生体（人間）という一方通行で，瞬間的な考え方ではなく，そこには，過程があり，また，相互作用があるという考え方です。出来事（ストレッサー）を認知的に評価します。脅威かどうか対処可能かどうかなどに関してです。さらに，何らかの対処（コーピング）をします。問題解決的対処，情動的対処。どうにかしようといろいろ努力することもあれば，あきらめて，考えるのを止めて，気晴らし行動をする場合もあります。お酒やカラオケは気晴らしに当たることが多いでしょうか？　そして，最終的な出口としてのストレス反応があります。しかし，この過程はこれで終わりではないです。自身がストレスを抱えている状況が次のストレッサーになると考えると，永遠に終わりのないプロセスとわかりますね。そして，その過程全体に影響を与えるのが，考え方の特徴であったり，周囲のサポートであるというわけです。考え方の例としては，楽観的な人，悲観的な人みたいな違いがあります。周囲のサポートが豊富な人，新しい環境でなかなかサポートが得られない人がいます。たとえば，転勤になって，その土地の言葉や習慣になじめず，友人ができないと，同じストレッサー，たとえば子育ての悩み1つとっても，とても大きなストレス反応につながることがあるでしょう。

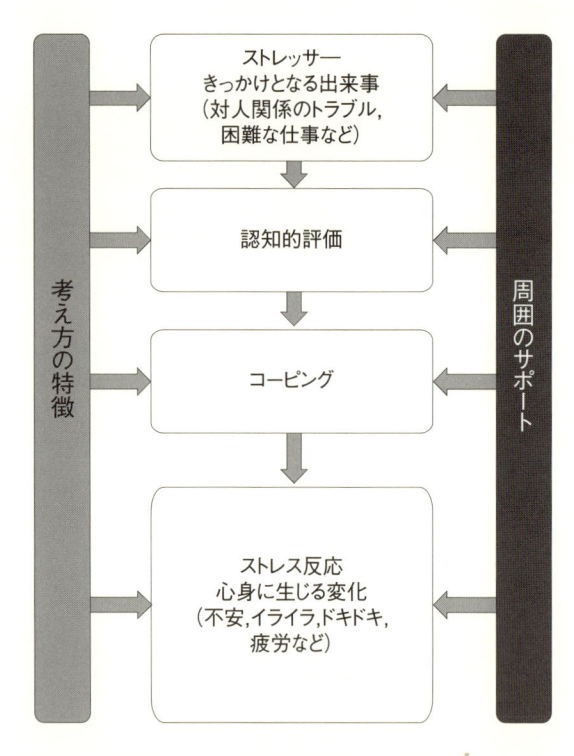

```
                ┌─────────────┐
                │  ストレッサー    │
        ┌──────→│きっかけとなる出来事 │←──────┐
        │       │(対人関係のトラブル,│       │
        │       │ 困難な仕事など)  │       │
        │       └──────┬──────┘       │
        │              ↓              │
    考  │       ┌─────────────┐       │  周
    え  │──────→│   認知的評価    │←──────│  囲
    方  │       └──────┬──────┘       │  の
    の  │              ↓              │  サ
    特  │       ┌─────────────┐       │  ポ
    徴  │──────→│   コーピング    │←──────│  ー
        │       └──────┬──────┘       │  ト
        │              ↓              │
        │       ┌─────────────┐       │
        │       │  ストレス反応   │       │
        └──────→│ 心身に生じる変化 │←──────┘
                │(不安,イライラ,ドキドキ,│
                │  疲労など)    │
                └─────────────┘
```

図3-14　過程としてのストレス理論
(嶋田, 1998)

　アーメッド（Ahmed, 2007）は，ストレスへの脆弱性の内的な因子として，女性であること，安全の感覚が持てないこと，社会からサポートされている感覚が持てないこと，神経質な傾向が大きいこと，すでに精神病理が存在していること，外傷的な出来事に対してネガティブな評価を持つこと，を指摘しています。震災後の避難者，たとえば福島から遠い地域で暮らす方の中にこうした条件のいくつかに当てはまる方がいる可能性も考えられますね。

　一方，外的な因子としては，教育レベルが低いこと，市民権を有さないこと，過去に外傷経験があり，その外傷が深刻であること，が指摘されています。海外の紛争国からの避難民などの中にはこうした要因を満たす方が多いかもしれません。

　今度は，レジリエンス因子です。これは，弾性とか，抵抗性とか打たれ強さと訳されます。初めに，板にボールが当たるような図（図3-1）をお見せしましたが，ボールが当たって，板がたわんでも，ボールがなくなれば，元に戻る場合があります。一方，非常に強い力でぶつかるとか，そもそも板が弱ければ，バキッと折れてしまって，元に戻らないこともあるわけです。これは，弾性が低い。レジリエンスが低いというわけです。

　内的な特徴としてのレジリエンス因子は，自尊感情，信頼感，さまざまな能力を有していること，自己能動感，安定した愛着，統制感，ユーモアのセンス，楽観主義，対人関係上の能力が指摘されています。これらをすべて高めることはなかなか人間的にできた人ということになりそうです。たとえば，宇宙飛行士などはこんな人たちかもしれませんが，ともかく，持って生まれた部分だけでなく，育てていくことを考えることが必要です。

　外的な特徴には，安全性，宗教上の拠り所を持つこと，模範となる人がいること，支持的な

> 1. 自分自身の情動を知る。
> 2. 感情を制御する。
> 3. 自分を動機づける。
> 4. 他人の感情を認識する。
> 5. 人間関係をうまく処理する。

図3-15　EQ(こころの知能指数)

人がそばに居てくれることとあります。宗教的な仲間がいて，いい師に恵まれるといいのかもしれないですね。しかし，教祖が狂信的だったり，たくさんお布施を取られたりしたら困るかもしれません。

　さて，たとえば，今触れたレジリエンスを高める方法について考えておきましょうか？　まあ，対処法は後で詳しく話すつもりなのですが，EQについてちょっと触れておきます。『EQ：こころの知能指数』(Golman, 1995) は，1996年に日本でベストセラーになりました。この年は，1995年，阪神淡路大震災，地下鉄サリン事件の翌年になります。この年に生まれた方は，今20歳です。阪神淡路大震災は，安全神話の崩壊と言われました。大都市を襲った大災害です。一方，地下鉄サリン事件は，いわゆる超エリートと言われる人たちがとんでもない事件を起こしたわけですが，改めて高学歴の意味を問うことになりました。東大の卒業生や医師たちといったエリートが，カルト教団を作り，教祖の言いなりになって大量殺戮を行おうとしたわけです。当時東大の養老孟司先生は自分の教え子から事件に関与した者が出たことにショックを受けて，東大を辞めたと言われています。また，それに少し先立ち，バブルが崩壊して，大きな銀行が次々に合併されるようなことが起こりました。それ以降も，なかなか日本経済は上向かず，一流企業でも容赦なくリストラが行われ，早期退職が促されたりしています。一流企業に勤めていれば安泰であるというのはもう完全に過去のようです。さて，これまでも何度も学歴偏重への疑問というのは提議されたことはありました。この『EQ：こころの知能指数』はデータに基づいて，社会で成功するために必要なのはいわゆる知能（＝頭のよさ：IQ）ではなく，情動知能（＝情動との上手な付き合い方ができるかどうか）であると説いています。EQとして，①自分自身の情動を知る，②感情を制御する，③自分を動機づける，④他人の感情を認識する，⑤人間関係をうまく処理するの5つをあげています（図3-15）。初めの3つは自分の情動との付き合い方，そして残りの2つが他人の感情との付き合い方となります。中でも，1つ目の自分の感情を認識する能力はEQの中心概念として重要視されています。IQがかなり遺伝的に規定されるのに対して，EQは後天的に訓練可能であるとされています。具体的なEQの高め方としては，認知療法を用いて，自己の感情に気づいたり，それをコントロールできることを目指します。また，行動療法のSST（ソーシャル・スキルズ・トレーニング）を用いて，他者の感情に配慮する術を身につけてもらいます（第5講のSSTの項参照）。

　さて，先ほど，対処についてちょっと触れました。このネズミの実験（図3-16）についてちょっと説明を聞いてください。このように3匹のネズミが，1組になって実験が行われます。こうした実験にネズミが使われるのは，多産だからです。同じ遺伝子をもった遺伝的に同質なネズ

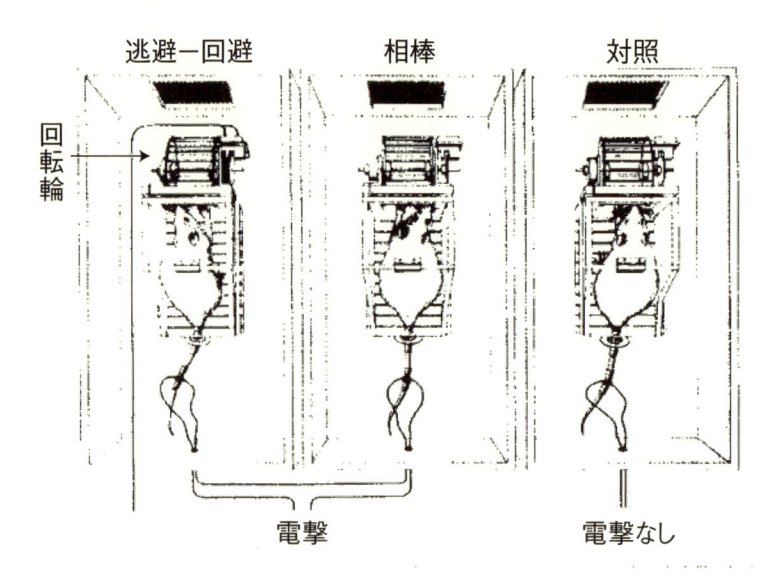

図3-16　対処可能性（＝随伴性の学習）
（Weiss, 1971より改変）

ミを複数用意できます。一卵性のきょうだいです。彼らを，逃避－回避ネズミ，相棒ネズミ，対照ネズミに割り振ります。目の前にはこんな回転輪があって，前足でぐるぐる回すことができます。しっぽには，電線が巻きつけられています。逃避－回避ネズミは，ブザーが鳴って，その後しっぽに電撃が流れ，これは痛いです。しかし，目の前の輪を回すと電気が切れるようにできています。初めは，痛みを感じてから，慌てて輪を回して，電気を止めるのですが（逃避），次第にブザーが鳴ってから電撃が来るまでに輪を回すことで，電気は流れずに済むようになります（回避）。相棒ネズミは，同じような環境で同じような痛みを経験します。しかし，自身の努力では何も変わらない，隣のネズミ次第です。まあ，言うならば，権限の全くない部下のようなものでしょうか？　上司が成功すれば，おこぼれをもらえる。上司が失敗すれば，自分にもとばっちりが来る。一方，対照ネズミは，同じような環境には入れられますが，電撃は受けません。拘束のみのストレスとなります。これをしばらく経験させた後に，お腹を裂いて潰瘍の数を数えます。一番少ないのは，対照ネズミなのは簡単に予測がつきますね。では，一番多いのは，どちらでしょうか？　相棒ネズミなのですね。自身では対処は不可能，すなわち，やったことが結果に響かないのです。「随伴性」とは，何かをすると，そこに報酬が伴うことです。それで，もっとその行動をするようになる。この場合，相棒ネズミはすべてが隣り任せなので，自分の行動にはなんら報酬は伴わないわけです。打てば響くの逆です。ネズミもそのことが理解できるのですね。

　三項随伴性（図3-17）は，B. F. スキナー（1904-1990）によって提案されました。どのような弁別刺激の時に，どんな反応をして，それにどんな結果が伴うか，この関係性が反応の生起頻度を変えるのです。これが行動の機能，すなわち，その行動によって何が成し遂げられているか，行動の理由は何かを考えるわけです。そこで気をつけなければいけないのは，もともとの意図とは違うということです。たとえば，子どものある行動を減らしたい意図で，親が「叱る」としても，結果として行動が減っていなければ，それは減らすという「機能」は果たしていないことになります。先生がほめても，周りの生徒から嫉妬されて，いじめられたりすれば，行動は減るか

> ■「弁別刺激」－「反応」－「反応結果」
> 　「先行条件（Antecedent events）」－「行動（Behaviour）」
> 　－「結果（Consequences）」
> ■ 行動の機能を考える。
> ■ 頻度の変化は結果によって決まる。
> ■ ほめれば行動が増え，叱れば行動は減るのか？

図3-17　三項随伴性（ABC分析）

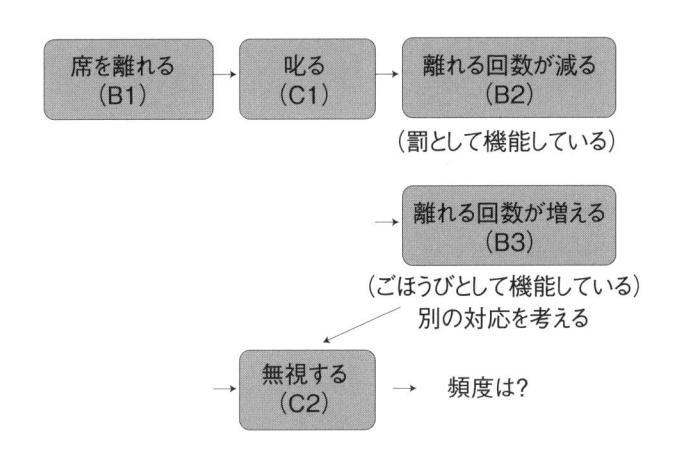

```
席を離れる → 叱る  → 離れる回数が減る
 (B1)      (C1)     (B2)
                    （罰として機能している）

           → 離れる回数が増える
              (B3)
           （ごほうびとして機能している）
           別の対応を考える

         → 無視する → 頻度は？
             (C2)
```

図3-18　離席行動のコントロール

もしれないですね。

　ABC分析とも言われます。Aが先行条件，Bが行動，Cが結果。たとえば，教室（図3-18）で，始業のチャイムが鳴って，先生がやって来ます。これがA（先行条件＝弁別刺激）に当たります。そこで，席を離れるという行動（B）をします。そこに，叱られる（C）という結果が伴います。そのことで，席を離れる回数が減れば，Cは嫌子（＝けんし：デメリット）として機能したことになり，もし，席を離れる行動が増えたら，Cは好子（＝こうし：メリット）として機能したことになります。叱られることが好子というのはピンと来ないかもしれませんが，たとえば，席に座っていても何も注目を受けないが，離席するような逸脱行動をすると注目を得られるというようなことが起きている場合があるわけです。では，「叱る」のでなく，「無視」（C）したらどうかということです。それで離席行動が減れば，嫌子として機能したことになります。

　次に回避条件づけ（図3-19）について説明します。ラットを使って，このようなシャトルボックスという物を用いた実験があります。このシャトルボックスは真ん中で左右に部屋が仕切られています。まず，片側の部屋にラットを入れ（1），開始の合図のブザーが鳴ります（2）。しばらくして，床に電気が流れます（3）。ラットは，仕切りを飛び越えて，隣の部屋に移りますが，そこには電気が流れていません（4）。しかし，そこも永遠に安全な部屋ということではなく，合図のブザーが鳴ってしばらく経つと電気が流れます。ですから，また，仕切りを飛び越えて隣の

```
■ シャトル・ボックスの実験
  1. 片側の部屋にラットを入れる
  2. ブザーを鳴らす
  3. 床から電撃を与える
  4. ラットは隣の部屋へ逃避する
  5. 試行を繰り返す
  6. ブザー音の呈示で，すぐ隣へ移動し，電撃を回避する
■ 回避学習は，消去抵抗が大きい。
```

図3-19　回避条件づけ

```
■ スピーチが近づき，不安・緊張が高まる
  （先行刺激）
        ↓
■ スピーチから逃げる（行動）
        ↓
■ 不安・緊張が下がる（結果＝ごほうび）
        ↓
■ 次もスピーチの時，避ける（行動の頻度
  が上がる）
```

図3-20　（例）人前でのスピーチを避ける

部屋に移動する必要があります（5）。学習が進むと，ブザーの音がしてから，電気が流れる前に隣に飛び移るようになります。そうすると，もはや電撃による痛みを経験することはなくなるわけです（6）。これが回避条件づけの成立です。こうなると，本当はもはや電気は流れていないかもしれませんが，それを確かめようもなく，ラットは隣に飛び移り続けることになります。これで，消去抵抗が強いというわけです。それをヒトにおける例で考えてみると，人前でのスピーチ（図3-20）に置き換えられるかもしれません。たとえば，スピーチである時に失敗して，それ以来苦手意識を持っている人がいます。その人は，自分の番が近づいてくる（A）と不安や緊張が高まります。そして，逃げてしまう（B）とします。結果として，不安，緊張が低減しホッとします（C）。次も逃げてホッとするわけです。これをずっとやり続けていると，本当は，実際にスピーチをしても，ちゃんとできる，恥をかかない，暖かく見守ってもらえるかもしれませんが，それを確かめるチャンスがないということかもしれません。不登校なんかでも同じようなことがあり得ますね。本当は，クラスに入って十分やれる，勉強も友人関係も大丈夫かもしれませんが，逃げていると，大丈夫だということを実際に経験できません。行動しないで，いつの間にか大丈夫と思えることはほぼないですね。人前で全く上がらない人というのはいないのだと思いま

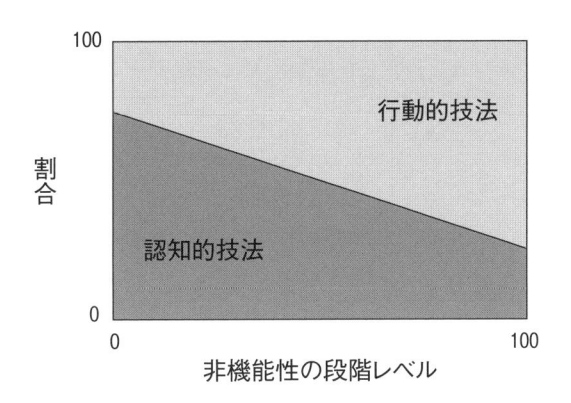

図3-21 認知的技法と行動的技法との比率
(坂野, 1995)

　す。すくなくとも，心拍数は上がります。上がることを気にしない人は，その心拍数の上昇に注意を向けないんです。そういう変化が一切起こらないことをめざしてもそれは無理です。心拍数の上昇に注意を向ける必要はありません。
　最近，行動活性化療法というのが注目されています。たとえば，うつ病で困っている人がいます。職場にうまく適応できなくなって，うつ病の診断が下りて，休職します。「薬を飲んで休養を取りなさい」と言われます。仕事でへとへとに疲れている状態なら休養も大事でしょう。しかし，抗うつ剤が効いてきて，気分が上向いてきたら，そのまま休養を取り続けているだけではよくなりません。行動を起こすと，それに対しての好子を経験することができます。たとえば，散歩したら，こんなところに，こんな景色のいい場所があったんだなとか，きれいな花の咲いている庭を見つけたというようなことが起こります。これは，家でただ寝ているだけでは手に入らないですね。ゲームをやってもいいし，ジグソーパズルを作ってもいいです。気をつけたいのは，いきなり2000ピースのメリハリのない，印象派の絵みたいのから挑戦しないほうがいいですよね。雪の中の白ウサギとか最悪です。少ないピースで，メリハリのある絵柄からです。少し努力したら，報われる感覚を経験してもらう必要があるのです。
　うつ病に対しては，認知行動療法（図3-21）が効果があることがわかっています。しかし，非常にうつ気分が強く，ほぼ引きこもっているような状態の人の認知を変えようと取り組んでもそれは容易ではありません。なぜなら，人との関わりがない状態だと，認知が動きにくいからです。テレビを見るくらいしか外界との接触がない状況で，自分の凝り固まった考えはそう簡単には変わりません。行動実験という形で，試しに行動を起こしてみて，自分の予想と現実が食い違うという経験をすると，「あれっ，もしかして自分が勝手に思い込んでただけ？」となるのです。やはり，実体験は大事です。体を動かし，人と生身で接触して，会話して，感情が動いてということを経験すると，考え方にも影響が出てきます。
　活動スケジューリング（図3-22）は，次の面接までに具体的な活動を決めて，行動に移すわけです。その際に，予測の困難度，予測の満足度をつけます。そして，実際に行動に移してみて，実際に困難度はどうか？　満足度はどうか？　確かめてみます。往々にして，困難度を高く見積もり，満足度を低く見積もっている傾向があるはずです。あまり，欲張りすぎないで，簡単なこ

日　付	活　動	予測の困難度	予測の満足度	結　果	実際の困難度	実際の満足度
○／○	散歩15分	50	40	○20分	30	60
○／○	部屋の片付け	60	50	△60分，やっても変わらない	60	40

図3-22　活動スケジューリング
(坂野, 1995を改変)

とから始めましょう。そして，自分の「やっても意味がない」とか，「やれっこない」とかいう思い込みに気づけたらいいですね。

　ソーシャルサポート（図3-23）は，生活において，他者から与えられるさまざまな物質的，心理的援助のことを指し，道具的・情報的サポートと情緒的サポートとに大別されます（浦，1992）。たとえば，ある子どもが心理的問題を抱えた時に，周囲にはさまざまな人や組織や制度があります。学校場面で，教室に入れない状況があれば，養護教諭や担任の先生，スクールカウンセラーが話を聞いてくれるかもしれません。適応指導教室の情報をくれるのは，情報的サポートですが，心配して，話を聞いてくれること自体が情緒的サポートになるかもしれません。もちろん，サポート源が常にいい方向で働くとは限りませんね。親が過干渉で，家出をしたのかもしれません。きょうだいと比べられて，バカにされてそれが辛くて家出することもあるでしょう。同じ人が時にサポートを与えてくれたり，時に苦痛を与える源になったりするのが，やっかいなところです。きれいに白黒をつけられないことも少なくありません。一人の相手に，愛情を求めたり，憎しみがあったりするのが難しいところです。ところで，みなさん（図3-24）は，どんな人からサポートを得ていますか？　道具的・情報的サポート，そして情緒的サポート両方を考えながら上げてみましょう。仕事，趣味，家族，友人など。最近ではSNSのつながりも大事なのかもしれませんね。一方で，Facebookなどがプレッシャーになるという話も聞きます。何か，自分は頑張れていないような，友だちが少ないような，毎日が平凡なような気がしてしまう。比べないで，自分は自分と思えないとしんどいですね。サポートのある人は，ない人より，ストレス反応が小さくなります。相談する，助けてもらう，道具や情報をもらう，支えてもらっていると感じて気持ちが安定するなど，さまざまな効果があるわけです。

　次に，コーピング（対処）ですが，われわれは初めにお見せした図3-1（39ページ）のように，ただ，一方的にストレッサーの圧力を受けるだけではありません。それに対して，何らかの対処を試みます。望ましいコーピングとは，それを実施してストレス状況が改善されるか，ストレス反応が緩和されるものです。前者が課題焦点型対処，後者が情緒焦点型対処です。また，コストのことも考える必要があります。コーエンら（Cohen, Evans, Stokols, & Krantz, 1986）はコーピングのコストとして，(1)蓄積疲労，(2)副次的影響，(3)方略使用の過度の一般化を上げています。蓄積疲労はストレスフルな状況が続き，それに積極的にコーピングを続けることによる心

(例) 子どもの問題に関わる人々

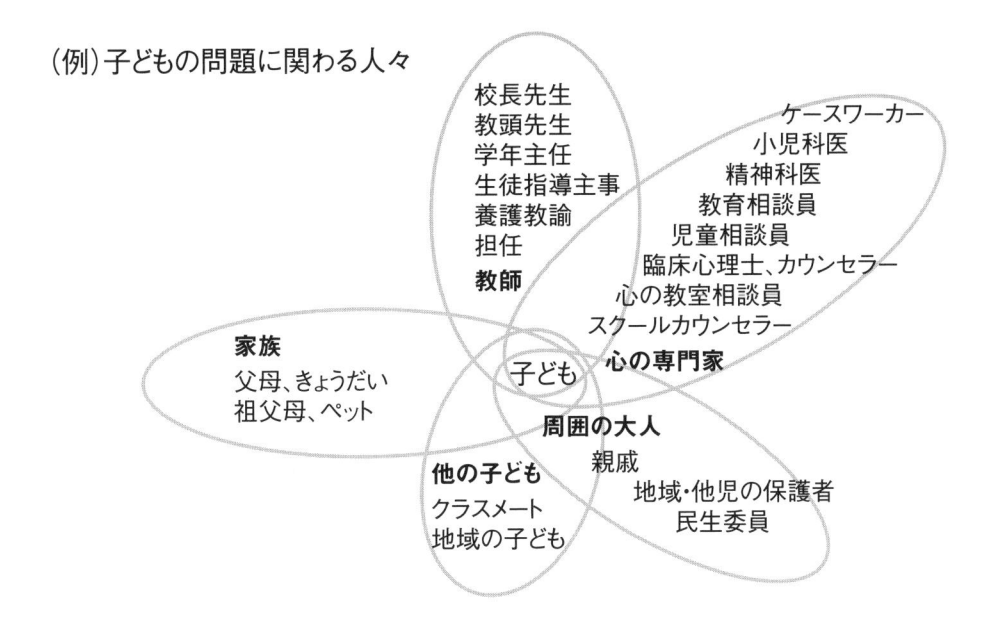

校長先生
教頭先生
学年主任
生徒指導主事
養護教諭
担任
教師

ケースワーカー
小児科医
精神科医
教育相談員
児童相談員
臨床心理士、カウンセラー
心の教室相談員
スクールカウンセラー
心の専門家

家族
父母、きょうだい
祖父母、ペット

子ども

周囲の大人
親戚
地域・他児の保護者
民生委員

他の子ども
クラスメート
地域の子ども

図3-23　ソーシャルサポート

自分

図3-24

理的・生理的エネルギーの低下です。副次的影響は，コーピングに向けられるエネルギーの集中によって，健康維持などに本来向けられる努力が低下することを言います。方略使用の過度の一般化は，ある状況で成功したコーピングを他の状況でも使い続けることで，状況にふさわしくないとストレスが上昇することを言います。日常的なストレス反応を低減するには，コツコツ積み上げていくようなちょっとしたコーピングが大事かもしれません。ここには，コーピングのレパートリー（行動的対処）（図3-25）を書いてみました。皆さんの対処（図3-26）についても上げ

■ 寝坊や昼寝をする	■ 買い物をする
■ ペットをかまう	■ 音楽を聴く
■ ネットを見る	■ 料理を作る
■ 報道番組を見る	■ Videoを見る
■ 娯楽番組を見る	■ マッサージに行く
■ 友人・家族と話す	■ 甘いものを食べる
■ とことん考える	■ 花を植える
■ とりあえず目の前のことをする	■ 運動をする
	■ 川柳を読む
■ アルコールを飲む	■ 本を読む

図3-25 コーピング・レパートリー（行動的対処，認知的対処）

図3-26 コーピング・レパートリー（行動的対処，認知的対処）

てみてください。そして，今述べたコストの3側面で問題が生じていないか考えてみてください。

　認知的対処とは，言うならば，考え方や捉え方による対処です。ストレッサーに対して，心理的に遠ざかろうとして，他に注意をそらすのか，近寄ろうとして，問題解決を試みるのか，大きく2つの方向があります。

　なお，最近ではコーピングを組み合わせること（島津・小杉，1998）や，切り替えること（加藤，2001；木村・市井・坂井，2011）などにも注目されるようになってきたことを付け加えておきます。

　さて，認知行動療法では，さまざまな不適応的な考え方の癖を見つけて，より適応的な考え方に直そうとする方法が提案されています。もちろん，先ほど指摘したように，認知的働きかけのみでなく，行動的な働きかけも用いて認知を変容していきます。

第4講　認知行動療法──ベック, エリス

　ベック（Beck, 1976）の提唱した認知療法，エリス（Ellis, 1975）の提唱した論理情動行動療法が代表的な認知行動療法で，認知の変容が感情や行動に影響を及ぼすというのが最も基本的な考え方です。巷で言われる，プラス思考やポジティブシンキングとほぼ同義と考えていただいていいですが，微妙ではありますが，重要な違いもあるので注意してください。

1. 悲観的な思考，楽観的な思考

　ベックは，うつ病者の夢を研究する中で，彼らの考え方が非常に悲観的で，八方塞がりになっていることを発見します。たとえば，アメリカの何もない広大な平原をドライブ中に道に迷いました。走っても走っても家も灯りもありません。どちらを向いて走っているのか見当もつきません。所持金は25セントで，公衆電話で一通話分のみ。ようやく見つけた公衆電話，「これで助かった」と自宅に電話をかけました。ところが間違い電話で万事休す。絶望感に陥ったところで目が覚めます。さらに，うつ病者の思考はポジティブな考え方とネガティブな考え方のバランスが崩れて，ネガティブに偏っていることがわかってきました（Kendall et al., 1989）（表4-1）。

　これを変え，ポジティブな考えを増やすことがうつを脱出するために必要なのです。そのためには，自分の思考をモニターし，自分の思考の不合理性に対抗することが必要であるというのがエリスやベックの主張です。

　これを自分でモニターした例として，非機能的思考記録表（表4-2）を見てみましょう。例えば学校現場の例で考えてみます。

　最近のイヤな出来事として，「研究授業が思ったようにいかず，教頭からも厳しい批判を受けた」という状況・出来事を取り上げ，そのときの感情は落ち込みが90（100点満点中），怒りが60と振り返っています。そのときにそうした感情を導いた自動思考（自動的に出てきてしまった思考）を探ります。「自分は能なしで，教師に向いていない」が落ち込みを導き，「あそこまで言わなくてもいいだろう。人を育てる気があるのか？　あんな奴，管理職失格だ」が怒りを導い

表4-1　健常者とうつ病者のポジティブ, ネガティブの思考の比率

健康な人	ポジティブな考え：ネガティブな考え＝1.50：1.0 〜 1.78：1.0
うつ病者	ポジティブな考え：ネガティブな考え＝1.27：1.0 〜 0.64：1.0

表4-2 非機能的思考記録記入例（ある教師の仮想例）

日　付	状況・出来事	感　情 (0－100)	自動思考	合理的な思考・行動	成　果 (感情の変化)
○月×日	研究授業が思ったようにいかず，教頭からも厳しい批判を受けた。	1. 落ち込み 　(90) 2. 怒り 　(60)	1. 自分は能なしで，教師に向いていない。 2. あそこまで言わなくてもいいだろう。人を育てる気があるのか？　あんな奴，管理職失格だ。	1. 失敗は誰にでもある。準備時間がない状況で精一杯やった。 2. あまり親切な言い方でないにしろ，聞くべき部分はある。あきらめられて何も言われなくなったらおしまいだ。今日は虫の居所が悪かったのかも？	1. 落ち込み 　(40) 2. 怒り 　(30)

たと考えられます。ここまでが現状把握です。

　ここで，少し考え方を変えて，より合理的な成熟したプラスな見方を試みてみます。もちろん健康な考え方の持ち主は，わざわざ考えなくても自分で合理的な思い直しをします。「失敗は誰にでもある。準備時間がない状況で精一杯やった」「あまり親切な言い方でないにしろ，聞くべき部分はある。あきらめられて何も言われなくなったらおしまいだ。今日は虫の居所が悪かったのかも？」と自分の見方に異論を唱えてみるわけです。それによって，否定的な感情はなくなりはしませんが，程度はぐっと下がるわけです。

　ここでは，合理的な思い直しの部分が肝要なのですが，ベックは未熟な思考，成熟した思考として，表4-3のような対比をしています。

　セリグマン（Seligman, 1990）によれば，悲観的な人の思考は，失敗を自分のせいにし，成功を周囲のおかげとする傾向があるといいます。たとえば，研究授業がうまくいかなかったことを例に取ってみましょう。状況はさまざまだし，毎回原因はいろいろあるでしょう。しかし，どう説明するかのパターンは個人で偏りが出ます。研究テーマがむずかしかった，時間が足りなかった，周囲が協力的でなかった，児童・生徒の理解力が低かったと，自分の準備不足，自分に能力がない，自分の時間管理が下手，自分の状況判断が悪い，などさまざまな考え方ができます。

　これらは，3つの次元で考えることができます。すなわち，内的・外的，永続的・一時的，全般的・特殊的の3つです。失敗は後者，すなわち，外的，一時的，特殊的に帰属する方が落ち込まないし，成功は逆に前者，内的，永続的，全般的に帰属する方が自信へとつながります。「研究テーマがむずかしかった」（外的，一時的，特殊的）と帰属すれば，次はもっとテーマ設定を工夫しようとかテーマの決定過程にもっと積極的に発言しようとか次への提案が浮かびます。「いつものように時間が足りなかった」（外的，永続的，全般的）と言ってしまうと，職業を変えないと打開できないかもしれません。自分の準備不足（内的，一時的，特殊的）と言えば，同じ轍を踏まないための方法の探索へと動けるが，自分に能力がない，自分の時間管理が下手（内的，永続的，全般的）と言ってしまえば，徹底的に自己改造でもしない限り出口は見出せません。ものごとを後から振り返るとき，正しい客観的な評価を見つけることが大切なのでしょうか？　ど

表4-3 未熟な志向と成熟した思考の対比
(Beck, 1979：文例は筆者が改変)

未熟な思考	成熟した思考
一次元的でグローバル 　私は臆病なのでダメな奴です。	多次元的 　私はちょっと臆病で，結構やさしくて，ある程度知的で，…。
絶対的で価値判断的 　私はいつもダメな奴なんです。	相対的で非価値判断的 　私は自分の兄弟よりは臆病だと思うこともあります。
不変的 　今までもこれからも臆病です。	可変的 　臆病さは時によって変わります。
性格による診断 　私は臆病者です。	行動による診断 　私は怖いと思うことがあります。
非可逆的 　小さい頃から臆病者なので，一生変わらない。	可逆的 　私は恐怖と戦う方法を学ぶことができる。

んなにいい授業をしてもそれを批判する先生もいます。どこまでいっても，完全にすべての面を正確に捉えた評価などあり得ません。とすれば，自分にとって力が湧いてくる，やる気が出てくるような反省の仕方が最も重要ではないでしょうか？　もちろん口に出すときには，「みなさんのおかげでうまくいきました（成功の外的帰属）」と謙虚に撮る舞うことは当然必要とされていることはお忘れなく。

　もう一つ付け加えておきたいことは，ネガティブであることがけっしていけないことではないということです。ネガティブな思考はわれわれに注意を喚起してくれています。予定を綿密に立てる，出かけるときに忘れ物をしないように注意する，お金を無駄遣いしない，などはネガティブな思考がさせてくれていることであり，これがなければ，すべての行動は行き当たりばったりで，周囲も迷惑するし，自分も危険な目に遭うわけです。しかし，ネガティブに偏ると世界は危険に満ちていて，自分がやることはすべて失敗しそうに思ってしまい，何ら行動を起こせなくなってしまいます。われわれは，ややポジティブよりに偏ることで，さまざまな新しい挑戦ができます。表4-1のバランスが保たれる必要があります。

2. 評価を徹底的に拒否

　一方，エリスの論理情動行動療法は，彼自身の経験に端を発しています。彼は内気な青年で，それを変えようとある挑戦を試みます。ニューヨークの動物園で女性に片っ端から声をかけ，お茶に誘ったのです。50人に声をかけ，50人に断られました。そして彼は落ち込んだ……のではなく，「自分は何も失っていない」と悟ったのです。事実は，ただ50人の女性に断られたということのみで，そのことはもちろん楽しいことではないかもしれませんが，不幸でもない。われわれが「そんなことが起こったら耐えられない」と思いこんでいるだけで，われわれの考えがわれわれを不幸にしていると考えたのです。

　彼は，こうしたわれわれの思いこみを粉砕することが治療的に重要と考えています。こうした自分の体験から，認知を変容するのに，認知的な方法のみでなく，行動的な方法も重視していま

こういう状況のエレベーターに乗り込む

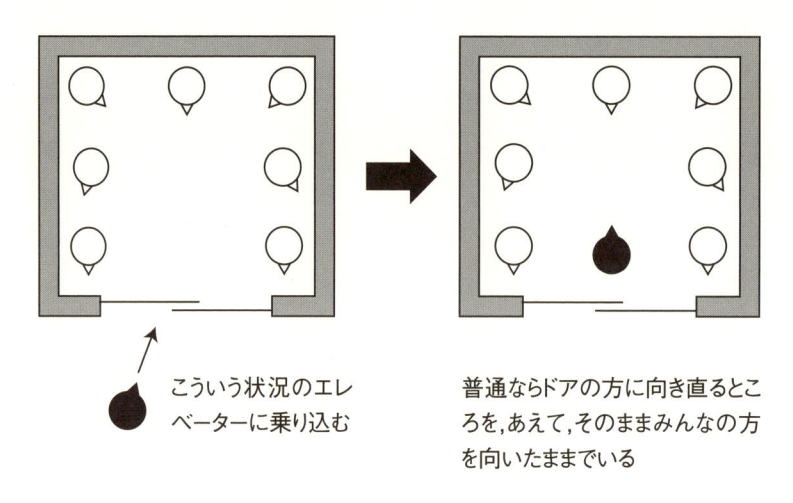

普通ならドアの方に向き直るところを、あえて、そのままみんなの方を向いたままでいる

図4-1　Ellisの恥かき訓練の一例

す。実際に体を動かし，自分を使って実験をするという発想です。頭ではわかるが体や心で納得できないといった乖離した状態を避けることもできます。「エレベーターに乗り込んで，図4-1のように立ちなさい」といった恥かき訓練といった宿題が出ます。これを実行すれば，「この人ちょっとおかしいんじゃないの？」といった目で見られるかもしれません。冷や汗が出て、いたたまれない気持ちになるかもしれません。しかし，それでいったい自分の何が損なわれるのでしょうか？　わずかの時間でそれは終わり，誰も自分のことなど気に止めてはいません。いったいわれわれは何をそんなに恐れているのでしょうか？　周囲の評価を気にして「もっとこうでなければ」「こんなことすべきじゃない」と自分を自分で縛りつけています。自分が特別な存在であるために成功を収めなきゃとか，人より勝らなきゃとか，みんなに好かれなきゃとか考えています。成功すれば人間の価値が上がり，失敗すれば人間の価値が下がるかのように生きています。

　もちろん，成功は大事だし，嬉しいものです。失敗はできれば避けたいものです。でもわれわれの人間としての価値は目先の成功や失敗を超越しています。会社が倒産し，巨額の負債を抱え，家族に見捨てられた人は生きる価値がないのでしょうか？　ガンを発症し，余命半年で，痛みとの戦いのみが残っているとしたら生きる意味はないのでしょうか？　もちろんこうした不幸は避けられるに越したことはありません。しかし，そんな状況でも何らかの努力をし，自分を少しでもいい方向に導く力をわれわれは持っています。不幸か幸福かを決めるのは世間的な評価ではありません。何が「いい方向」なのかを発見し，探求する可能性を持っています。究極的には存在そのものが価値があり，価値がないのです。価値があるとかないとかの評価を拒否して，ただ存在するのです。さて，ちょっと高尚に禅の悟りの境地に近づいたような話になってしまいました。残念ながらわれわれはもっと下世話に生きていて，日々人からの評判で一喜一憂しています。教師の付ける評価で，子も親も一喜一憂する。教師は評価に関しては社会的な責任を認識しつつも，一方で，自分の付けている評価が本当に便宜的な，たった一つの側面の，誤りを多分に含んだものであるという認識を持っていることは必要でしょう。

3. 管理型教師の窮屈な思考

　まじめで熱心な教師は，これまで自分なりの学級経営の方法を確立し実践して成果を上げてきました。権威のある教師として，ときに厳しく指導しながら児童・生徒をコントロールし，集団としてのまとまりも維持してきました。クラスの秩序は優等生やリーダーを頂点として階層的に保たれていました。評価する存在としての教師に合わせるために，子どもたちのクラスでの役割は，①素直でいい子，②ひょうきんな子，③（自己アピールとしての）反抗的な子，④（そこまで度胸のない）不従順な子，⑤（学級を放棄した）お客さん，⑥（降参して）不登校，などにわかれてしまいます。

　教師が持ちがちなビリーフ（信念，ものの考え方）として，表4-4の左側のようなものが指摘されています（河村・田上，1998）。これらはどれも正論で，間違っていませんが，このような窮屈で逃げ場のない考え方では，常に「良い子」であることを求められ，それに応えられない多くの子どもたちは「ダメな子」とのレッテルを貼られ，そのクラスにいることがただストレスとなってしまいます。修正した教師のビリーフと比べるとその違いがよくわかるのではないでしょうか？　学級崩壊の約8割がこうした余裕のない管理型教師によって起こっていると指摘されています。

　学級集団を育てるには，ふれあいのある人間関係の確立とルールの確立が必要です。エンカウンターなどの試みも有効ですが，教師の考え方の点検が大きなポイントになるでしょう。先に示した管理型の教師のビリーフをより余裕があり，ユーモアがあり，自らがモデルとして率先して行動できるほどよいリーダーシップのビリーフへと変換できるといいでしょう（表4-4右側）。教師が柔軟性のない「良い子像」に照らして子どもを評価せずに，多様な尺度でそれぞれの子の良さを発見できれば問題の多くは解消されるはずです。クラスの子全員一人ずつを思い浮かべ，それぞれの子の良さを指摘できる教師でありたいものです。スマップの『世界に一つだけの花』の歌詞はすばらしいと思います。全員が世界に一つだけの花であり，ナンバーワンを目指さなくても，もともと特別なオンリーワンの存在なのです。子どもたちがそれを感じられるクラスづくりが先生の手にかかっています。

表4-4 教師特有のビリーフと修正したビリーフ
(河村・田上, 1998)

教師特有の ビリーフの内容	教師のビリーフ	修正した教師のビリーフ
学級経営は、学級集団全体の向上が基本である(集団主義的傾向)	①学級を集団として常にまとめていなければならない ②学級のまとまりは学級経営で最も大事なことである ③学級経営はすべての児童が同一歩調で活動できるようになされなければならない ④学級集団の和を乱すような児童の行動や態度は厳しく指導しなくてはならない ⑤学級経営では児童同士が協力しあいまとまった行動ができるようにさせるべきだ	①児童一人一人が自分らしく生活する中で、学級が和やかにまとまってくれれば素晴らしい ②児童一人一人が学級生活を満足して送れることが最も大事である ③児童の個人差に配慮し、それぞれのペースを認めあって一緒に活動できれば素晴らしい ④学級の和を乱す児童にはその行動の理由を聞いた後に対応をすることが大事である ⑤児童たちに援助的な雰囲気が生まれるようにまず自分から率先して行動しモデルを示すことから始めることが必要だ
児童には授業中に、挙手の仕方、発言の仕方など、規律のある態度をさせる必要がある	⑥あいさつや返事などは大きな声ではっきり言えるようにしなければならない ⑦文房具などの持ち物は、クラスでしっかり基準を作って管理しなければならない ⑧発音は背筋を伸ばしてはっきりと、友達の発表を聞く姿勢は体ごと友達の方を向いて、しゃべらずに最後まで聞くというスタイルの指導はしっかり行わなければならない ⑨発言の仕方、友達の意見に対する反対意見の言い方、質問の仕方は決められたやり方をしっかり身につけさせなければならない ⑩授業を受ける姿勢や活動するときの行動の仕方は、模範となるスタイルを繰り返し訓練して定着させなければならない	⑥あいさつで自分の感情を伝えることがより効果的にできるようになれば素晴らしい ⑦持ち物のきまりは子どもと話し合って守るべき基準を決めて取り組むことが有効である ⑧自分の意見を伝える、相手の意見を受け止めるのに、見本となる簡単なモデルを示すと有効である ⑨人を傷つけない話し方や聞き方のモデルがあれば、苦手な子はそれにそって行えばよいので、抵抗が少なくなるだろう ⑩授業中や集団活動に最低限の約束事があれば展開がスムーズになって内容も深まるだろう
児童の教育・生活指導にはある程度の厳しさが必要である 教師は児童の過ちには一貫した毅然たる指導をする必要がある(管理・統制的傾向)	⑪児童の将来のためには厳しい生活指導もしなければならない ⑫たとえ児童に嫌われても必要な生活指導はしっかりしなければならない ⑬子どもはすぐに甘えて楽な方にはしるので、厳しい生活指導は必要である ⑭小学校の間に基本的な生活習慣に関する指導は徹底して行っておかなければならない ⑮児童の生活指導はその場その場で一つ一つ注意しなければならない	⑪この生活指導が将来どのようにつながっていくのかを、説明することが大事である ⑫児童が落ち着いて話を聞ける状態で説明することが、生活指導上有効だろう ⑬時々児童の甘えを受けとめる場面を設定すると児童のストレスも軽減して、意欲も持続するだろう ⑭小学校の間に児童一人一人の基本的生活習慣がより身に付けば素晴らしい ⑮児童の指導は場面とタイミングが重要なので指導をする際にはその配慮を忘れないことが大事である
児童は担任教師の指導を素直に聞く態度が必要である 教師と児童は親しい中にも毅然たる一線を保つべきである(権威的傾向)	⑯児童は教師の与えた課題に、意欲的に取り組むべきである ⑰児童は担任教師の指導に素直に従う姿勢が必要である ⑱担任教師に対する口のきき方は厳しく指導する必要がある ⑲児童になめられてはいけないので、常に毅然たる態度で対応しなければならない	⑯児童が興味や関心を示すような教材の提示や教育方法を工夫することが大事だ ⑰児童がなぜ反抗したくなるのかを理解してから対応すると効果があるだろう ⑱話し方や集団生活に関するマナーのTPOは一つ一つ理解させていくことが大事である ⑲教師と児童の役割を越えたふれあいのある人間関係の中で、児童は自らより成長していくだろう

第5講　学校問題への対応

　本講では，学校での問題を取り上げます。1つは学級崩壊の問題です。それをどう防ぐか？　次は児童・生徒の学校適応をよくするための社会的スキルについて，自己教示を交えつつ述べます。

1. 学級崩壊とは

　文部省によれば，学級崩壊とは「子どもたちが教室内で勝手な行動をして教師の指導に従わず，授業が成立しないなど，集団教育という学校の機能が成立しない学級の状態が一定期間継続し，学級担任による通常の手法では問題解決ができない状態」と定義されています（文部省, 1999）。このような「学級崩壊」という言葉に代表される学級の荒れは，一部の非常に指導力のない教師のクラスのみにみられるというものではありません。小学校1年生から中学生まで，若い教師からかなりベテランの，これまで実績のあった教師までもが直面している問題です。

　上記の文部省の報告によれば，学級崩壊をしている学級102学級を調査した結果，学級崩壊の要因として次の10項目が指摘されるといいます。なお，要因は複数回答です。
　①教師の学級経営が柔軟性を欠いている（74学級）
　②授業の内容と方法に不満をもつ子どもがいる（65学級）
　③いじめなどの問題行動への適切な対応が遅れた（38学級）
　④校長のリーダーシップや校内の連携・協力が確立していない（38学級）
　⑤学校と家庭などとの対話が不十分で信頼関係が築けず対応が遅れた（27学級）
　⑥特別な教育的配慮や支援を必要とする子どもがいる（26学級）
　⑦必要な養育を家庭で受けていない子どもがいる（21学級）
　⑧校内での研究や実践の成果が学校全体で生かされてなかった（16学級）
　⑨家庭のしつけや学校の対応に問題があった（14学級）
　⑩修学前教育との連携・協力が不足している（11学級）
　また図5-1に示すように，さまざまな要因が複合的に重なって起こっていることを理解すべきです（堀井, 1998）。

2. 学級崩壊が起こる背景

　学級崩壊が発生する背景として，「変わってきた子ども」と「変われない学校・教師」のマッ

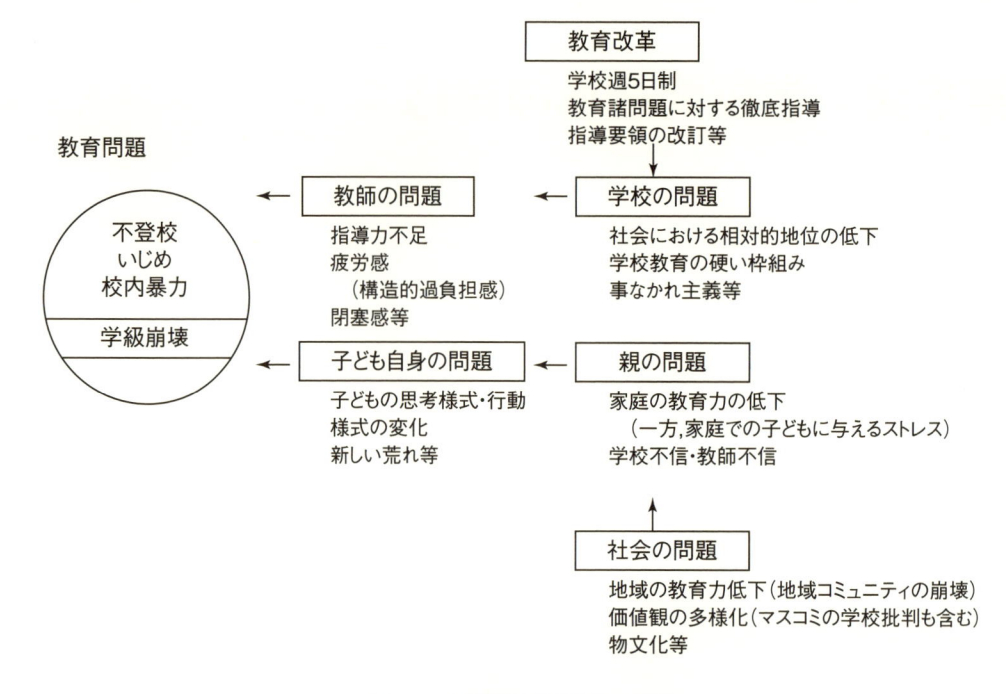

```
                              ┌──────────────┐
                              │   教育改革    │
                              └──────────────┘
                                 学校週5日制
                                 教育諸問題に対する徹底指導
                                 指導要領の改訂等
                                        ↑
  教育問題      ┌──────────┐    ┌──────────┐
              │ 教師の問題 │ ←  │ 学校の問題 │
    ┌───┐    └──────────┘    └──────────┘
    │不登校│     指導力不足       社会における相対的地位の低下
    │いじめ│ ←  疲労感           学校教育の硬い枠組み
    │校内暴力│    (構造的過負担感)  事なかれ主義等
    ├───┤     閉塞感等
    │学級崩壊│
    └───┘    ┌──────────────┐   ┌──────────┐
         ← │ 子ども自身の問題 │ ← │ 親の問題  │
              └──────────────┘   └──────────┘
                子どもの思考様式・行動   家庭の教育力の低下
                様式の変化            (一方,家庭での子どもに与えるストレス)
                新しい荒れ等          学校不信・教師不信
                                            ↑
                                    ┌──────────┐
                                    │ 社会の問題 │
                                    └──────────┘
                                      地域の教育力低下(地域コミュニティの崩壊)
                                      価値観の多様化(マスコミの学校批判も含む)
                                      物文化等
```

図5-1 「学級崩壊」現象の原因
(堀井, 1998)

チングの悪さがあり，学級崩壊は日本の学校教育のあり方の根本的な問い直しを提起しているという指摘もあります（河村，2001）。

1) 子どもの変化

子どもをとりまく現代社会では，①核家族化，②少子化，③地域社会の教育機能の低下が進んでいるといわれています。このような状況は子どもから規範とすべきモデルや，葛藤場面を解決するモデルに接する機会を奪い，子どもの対人関係能力の獲得や社会性の獲得を妨げていると考えられます。

このような社会の変化が，今の子どもの状態につながっているといわれます。

河村（2001）は，現代の子どもたちの実態を以下のようにまとめています。

①人間関係の希薄化：人間関係を形成する意欲も能力も十分育っておらず，機械的に集められた学級のなかで，子どもどうしの人間関係は希薄なものになってしまう傾向がある。

②欲求不満耐性の低下：直接欲求を充足できないとき，なんらかの間接的な方法でその欲求不満をやわらげ，欲求不満に耐える力が低下してきている。

③「キレる」という攻撃行動の発現：欲求不満耐性が低く，相手との情緒的結びつきが弱いため，欲求不満状態に陥ると攻撃行勧にうつりやすくなってきた。

2) 変われない教師

社会の変化，子どもの変化にともない，従来の教育，学校や学級といった概念，先生と生徒との関係も見直しを迫られています。従来，教育に求められてきたのは，競争による学習意欲の促

進，一定の質を維持した画一的人格の産出でした。しかし社会の価値観の多様化により，個性を重視した教育，詰め込みではない授業，生涯を通じて学習を続ける意欲をもたせるなど，学校教育のあり方が大きく問い直される時期にきています。これまでの学習指導（文化の継承），生徒指導（社会性の育成）の要素に加え，自己の確立（個人の自己発揮）の援助が求められるようになったと考えることもできるでしょう。

このような教育では，手探りで臨機応変に有効な学習支援の方法を模索していくことが重要となります。しかし，上記のように子どもが変化し，社会が教育に求めるものが変化しているにもかかわらず，依然として従来同様の学級経営を行なう教師の対応の悪さが指摘されます。それら教師のパターンをまとめるなら，以下のようになります。

①管理型教師：権威のある教師として，ときにきびしく指導しながら生徒をコントロールし，集団としてのまとまりを重視してきた教師。このような管理型教師により，学級崩壊の約8割が引き起こされているという指摘があります。このような教師が陥りがちなビリーフとして，表4-4（64ページ）の左側のようなものが指摘され（河村，1999），右側の柔軟性のあるビリーフへと，修正されることが望まれています。

②友だち型教師：生徒と友だち感覚でなかよくなってしまう友だち型教師も学級崩壊を引き起こすことがあります（崩壊全体の約2割）。一人ひとりの子どもの要求を重視するために，集団としての秩序が保ちにくいことや，一部の問題児や障害児に熱心にかかわりすぎて他の子どもへの注意がおろそかになるという問題を生じることがあります。

3. 学級崩壊への対応

学級が荒れた状態から，平常の状態に向かう道筋は，ひととおりではなく，教師の特性，子どもの特性，周囲から得られそうな援助の種類などによっても異なると考えられます。

浦野・松村（1995），松村・浦野（1998）は，担任として学級の荒れを体験した教師が，学級通信をほぼ毎日発行することで子どもたちとのコミュニケーションを回復し，荒れた状態の改善に成功した事例を示しています。

また浦野（2001）は，学級の荒れという現象を，子どもと教師の関係性のなかに潜む認知の違いやズレに気づかないことが問題であると考え，その認知の違いやズレを修正しようとする努力を教師に促すことで，荒れた学級を改善した事例を紹介しています。具体的には，教師へのコンサルテーションにより，教師の「子ども認知」や「子どもとの対応のあり方」の変容をめざした話し合いを行い，TT（ティーム・ティーチング）による支援では，支援者が学級に入り，荒れの中心メンバーを中心にかかわりを深め，学習活動を支えることによって彼らの授業への参加意欲を高めたり，教師との関係を再構築できるようなはたらきかけを行いました。その結果，TTによる支援をフェードアウトしたあとも介入前のような荒れた状態は消失するとともに，教師の子ども認知や子どもの教師認知にも変容がみられたこと，学級の荒れが改善されたといいます。

このほかに，構成的エンカウンター・グループを学校教育に活用するなども注目される取り組みであるといわれています（国分，1993）。つまり，学校教育のなかに，自己や他者を理解したり，情緒的結びつきを促進するような意図的な活動を取り入れることです。それは子どもどうし

の人間関係にはたらきかけ，子どもみずからがコミットした小集団を活動の広がりとともに学級集団へと発達させることができるような能力を育成するものであるとみられています。このような教師の援助が，最終的には学級崩壊の対応になると期待されます。

4. 社会的スキルとは

　社会的スキルの定義としては，「他者との関係や相互作用のために使われる技能」「相互作用する人々の目的を実現するために効果のある社会的行動」などがあります。

　社会的スキルの生起過程のモデルとして相川・津村（1996）は図5-2のような5つの段階を設定しています。第1段階「相手の対人反応の解読」の下位過程には，①対人反応の知覚，⑧対人反応の解釈，③対人感情の生起があります。相手の言語的，非言語的反応に数多く注意を向け，そのなかから相手の意図や要求を解釈するのです。その解釈によって，肯定的な感情や否定的な感情が生じえます。たとえば，隣の席の子が自分の消しゴムに手を伸ばしつつ「いい？」と言ったとします。これを「この子は私の消しゴムを使いたいのだろう，使ったあとはすぐに返してくれるだろう」と解釈すれば，強い否定的な感情をもつことはないでしょう。5つの過程がすべて中央のデータベースとも矢印で緒ばれていることも注意してほしいところです。もし，過去に隣の子がそのまま自分のものにして返してくれなかったことがあったとなると，同じ反応に対しても別の解釈へと行き着き，否定的な感情が出てくるかもしれません。

　第2段階は「対人目標の決定」で，対人反応の解釈に基づいて，自分の反応を決定します。貸そうと考える場合もあれば，断って前に貸した消しゴムを取り戻そうと計画することもありえます。

　第3段階の「感情の統制」で扱う感情は，第1段階で生じた感情と第2段階の決定によって生

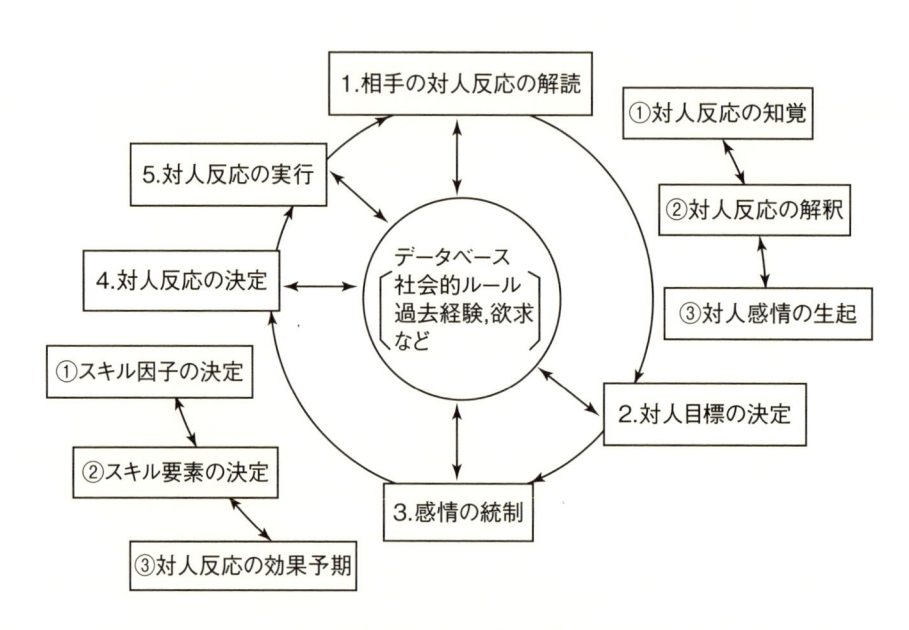

図5-2　社会的スキルの生起過程モデル
(相川・津村, 1996)

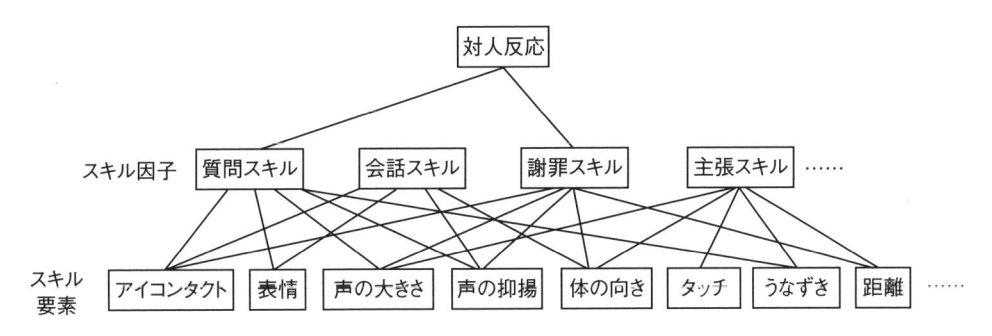

図5-3 スキル要素, スキル因子, 対人反応の関係
(相川・津村, 1996)

表5-1 受動的, 主張的, 攻撃的と自分, 他者の権利の関係

	受動的 (いじめられっ子)	主張的	攻撃的 (いじめっ子)
自分の権利	主張できない	主張する	主張する
他者の権利	認める	認める	認めない

じた感情がありえます。「こないだ貸したのを返せよ」と主張をしたらケンカになるかもしれないと考えれば少し緊張を感じるでしょう。さらにはこの前授業中にケンカをした級友が，先生にひどく叱られたことを考えるともっと不安が高まるかもしれません。

　第4段階で「対人反応の決定」がなされます。これは，①スキル因子の決定，②スキル要素の決定，③対人反応の効果予期の下位因子からなります。図5-3のように質問スキルと主張スキルを使おうと決定し（スキル因子），それから横目がちににらんで，大きな低い声で，怒ったような抑揚で（スキル要素），「前に貸した消しゴムはどうしたんだよ？　返せよ」と言うとどうなるか？と予測をたてます。相手が「あっ，そうだった。ごめん」と返してくれそうなら（効果予測），これで決定され，一方，「なんだと？」とつかみかかってきそうなら，もう一度①「スキル因子の決定」からやり直して効果的な方法を探すこととなります。

　第5段階は，「対人反応の実行」で，言語的反応と，非言語的反応を統合して表出します。こちらがある行動を示せば，相手が反応し，また第1段階へと戻っていくこととなります。

5. 主張，受動，攻撃

　われわれは，さきに示した5つの段階を瞬時にほぼ自動的に行いますが，しかし，人によって人づきあいのうまいへたがあって，それぞれの過程で適応的な反応と不適応的な反応の分かれ目が生じます。表5-1のように，主張的な子どもは，他者の権利を認めつつ自己の権利を主張するので，よい人間関係を保ったまま目標達成ができ，満足感や自信をもつことができます。一方，受動的な子どもは，周囲との摩擦を恐れるために，自己の欲求を抑えてしまうので，自分の目標は達成できずに欲求不満を感じています。また，攻撃的な子どもは，他者を認めずに目標達成を

するので，対等な立場の人間関係はもてず，力や脅しで専制的に支配するか，孤独です。受動的ないじめられっ子が，ある時点で耐えられなくなって，いじめっ子に対して攻撃的な行動を示すこともありますが，より力の弱い弟や妹，下級生などへ攻撃を向けることでストレスを発散する場合も少なくありません。受動的な子どもは不安の感情のコントロールがうまくなく，攻撃的な子どもは怒りの感情のコントロールがうまくないといえるかもしれません。

6. 社会的スキルのトレーニング方法

　社会的スキルのトレーニングを行う場合，①練習するスキルを決める，②場面を設定して1回目の練習をしてみる，③よいところをほめる（フィードバック），④さらによくする点を考える，⑤必要ならお手本を見る（モデリング），⑥もう一度練習する，⑦よいところをほめる，⑧チャレンジしてみる課題を決める（宿題），⑨実際の場面でやってみる，⑩次回に報告する，といった順序で進めるとよいでしょう。

　対人反応では非言語的な要素は，言語的な要素以上に大事な場合も多いので，①視線，②微笑み・明るい表情，⑨体の向き，④身を乗り出す・相手との距離，⑤声の大きさ，⑥声の抑揚などに注意してフィードバックをするとよいでしょう。

　扱う社会的スキルとしては，①あいさつ，⑧自己紹介，③聞く，④質問する，⑤誘う，⑥仲間に加わる，⑦温かい言葉かけ，⑧相手の気持ちをわかる，⑨頼む，⑳断る，㉑自分を守る，㉒トラブル対処（ケンカの仲直りなど）（小林・相川，1999）などが考えられます。

　社会的スキルのトレーニングの導入はクラス全体でもいいですが，練習やフィードバックではやや集団が大きすぎるので，5～10名程度の班で行なうとよいでしょう。班のなかでチャンピオンを決め，その代表の模範演技をクラス全員の前でやってもらうといったスタイルでやると飽きずにやれるでしょう。

　たとえば，クラスの友だちが「新しいゲームを買ったから家に遊びに来いよ」と誘ってくれました。しかし，今日は，「放課後すぐに家に帰って手伝いをする」と母親に約束をしていました。どんな返事や行動をすればいいでしょうか？

　①母親との約束のことは何も言わずに友だちの家に行ってしまう。
　②「ぼくはいいよ」と帰る。
　③「そんなゲームなんかめずらしくないよ」とウソを言って帰る。
　④「困ったなあ，行きたいけどお母さんと約束があって……」
　⑤「誘ってくれてありがとう。でも，今日はお母さんの手伝いをするって約束したんだ。また今度行くよ」と帰る。

①では，あとになって母親から叱られるかもしれないし，②や③では，つきあいの悪い奴とかウソつきと評判を落とすことになります。④は優柔不断な面もあるが，自分の感情を素直に伝えているので，相手が「じゃあ，その手伝いおれもいっしょにやってやるよ。そしたらすぐ終わってそのあと遊べるよ」などと救いの手をさし述べてくれるかもしれません。⑤は理想的な模範解答です。こうしたことを子どもたちが自分たちで発見し，さらに，非言語的な行動の練習を集団場面で実行します。

7. 社会的スキルと自己教示

自己教示を用いての促進

さきに示した5つの段階の3番めには感情の統制があります。適切なスキルを身につけ、実際場面で用いようと思っても不安が強ければ、結局実行できないことが起こりえます。また、考える前に手が出ているような攻撃的な子は、行動の前に考える癖をつけてもらう必要があるでしょう。

ケンドールら（Kendall, P. C. et al., 1992）は自己教示（自分への言葉かけ、思考のコントロール方法）を用いて、自分の不安をコントロールし、適切な対処スキルを実行する道筋を示しています。

以下の「こ・わ・い・よ」で表わされる4つのステップの対処プランを身につけます。

こ－こわいと感じた？　体の不安反応に気づく。
わ－わるいことが起こると思った？　否定的な認知に気づく。
い－いいやり方。対処的な認知や行動に置き換える。
よ－よかったとごほうび。自己評価と自己報酬。

実際場面で、この「こ・わ・い・よ」の言葉で自分の適応的なスキルを思い出し、実行し、さらに自分をほめるのです。ひとつ事例を示しましょう（市井, 1995）。

8. 転校を機会に再登校できた中学生の事例

問　題

いじめなどを機会に不登校に陥る例は多く、そうしたクライエントの場合、クライエント自身が「転校して環境を変えれば登校できる」と主張することは多いものです。実際に転校して、うまく登校が続けられる例もあれば、結局うまくいかずにやはり不登校に陥る例も多くあります。そのため、治療者や学校の教師が積極的に転校を勧めるケースは決して多くありません。私は、今回転校を機に再登校に成功した中学生女子のケースを経験しました。事前に、不安への対処方法に関して、認知行動療法を用いた訓練を施したことが良い結果につながったように思われたので報告します。

症　例

【クライエント】中学1年生女子（治療開始時点）。
【主　訴】不登校。
【家族構成】両親と4歳年上の兄の4人家族。
【現病歴】1学期の終わりから欠席が多かった。夏休み友人は遊びに来なかった。2学期、友人から挨拶してもらえず、2週間ほど登校するが、その後腹痛を訴え不登校。その後紹介を受けフリースクールに通う。不登校のきっかけは、それまで仲良しだった友人から突然無視され、クラスの女子ほぼ全員から無視されるようになった。クライエントが登校しなくなって新たにいじめの対象になった友人から、フリースクールへ行っていることを非難する手紙やその後それを謝る手紙が来た。著者の見る限り、クライエントはいわゆるいじめにあいそうな弱々しいタイ

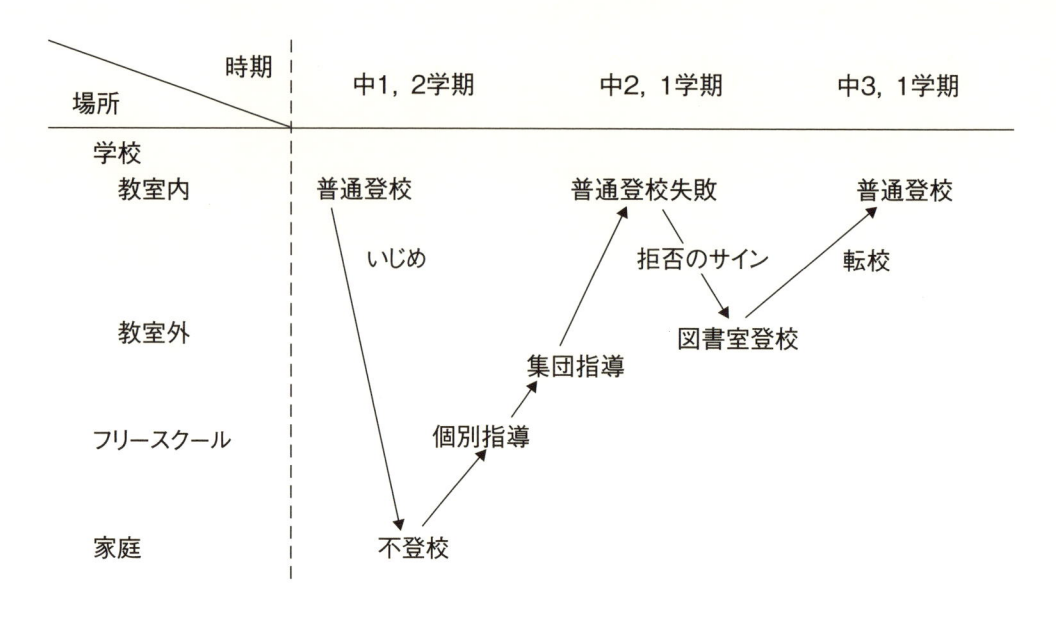

図5-4　本クライエントの各時期における普通登校への接近と回避

プではない。母親は「生意気そうに見えるから嫌われるんじゃないか」と言っている。強がって，素直に不安や悲しみを認めない印象はある。フリースクールでは，友人とおしゃべりに熱中するとむしろうるさいくらい。他にも小学校時代からの友人がおり，買い物に出かけたりする。成績は中から中の下。

【治療経過】（図5-4参照）
第1期（母親のサポート：母親との面接＝6回）
1年生の11月頃に著者の勤める相談所にクライエントと母親が来所した。この時点では，クライエントがフリースクールでカウンセリングを受けているということだったので，母親が精神的に落ちつけるように母親にのみ働きかけることとした。母親は，クライエントの問題以外にも，夫への不満などで不安定となったが，次第に，落ちつき（うつの程度が中度から軽度に），クライエントも明るくしており，1月からフリースクール内で個別指導から集団指導に変わることとなって終結。

第2期（方針を見定める：クライエントとの面接＝6回，担任を訪問＝1回）
9カ月の中断を経て，2年の10月頃クライエントが一人で来所した。その間に，フリースクールは終了。フリースクールの友人が学校に戻るというので，自分も戻ろうと考え，不安もなく新学期初日を迎える。3人ほどの友人と仲良くしていたが，係を決めたり，自分の知らない話題などの際に，仲間外れにされた感じを抱き，4日目から準備はするが吐き気など身体反応が出て行けなくなった。担任の勧めで，図書室登校となる。午前中2時間半ほど図書館にいるが最低限の先生との接触があるのみである。

第2期の第1回目で，「ときどき先生が意図的に生徒を図書室に来させるのがいや，毎日学校には行っているが，教室に行くつもりはないし，前の友人とは仲良くなれない」と，転校の希望が語られた。しかし，担任，フリースクールの先生等も反対しており，著者も当時の学校への復

表5-2　クライエントの心理テストの結果

	Y-G	STAIC	FSSC-R*	IBTC	CDI*
中1の11月（第1期の初め）	E	—	—	—	—
中2の11月（第2期の初め）	D	59	38	問題なし	89
中3の 4月（第3期の終わり）	—	37	—	—	68

＊FSSC-R,CDIともに日本での標準化データは存在しないため,アメリカのデータをもとにして標準化得点を示した。

帰を1番目の可能性と考えていた。ただし，登校はしているとはいえ，学校がつまらない状態でいることはマイナスと感じた。

　ここまでの面接と心理テスト（表5-2）の結果，親しい友人とはちゃんと関係が継続でき，勉強への意欲がある程度あり，社会的に外向的で，性格的な問題はあまりないと思われた。今の図書室登校の形態がクライエントにうつ的な状態を招いていると思われたので現状を積極的に変えることを母親，担任の教師に提案することとする。

　担任を学校に訪問したが，担任はともかく登校できているという現状を評価して，転校，フリースクールへの復帰共に否定的。このまま様子をみるという姿勢であった。

　最終的にどういう集団に戻るにせよ，同じような失敗を繰り返さないために，感情とうまくつきあえるようになることが必要と感じた。

　第3期（認知行動的アプローチ「Coping Cat（コーピングキャット）」，並行して転校への準備が進む：クライエントと面接＝14回）

　ケンドールら（Kendall, Kane, Howard, & Siqueland, 1989）の「Coping Cat」の日本語版を用いて，感情への対処方法を身に付けてもらうことをめざした。「Coping Cat」は，不安に対処することをめざした認知行動的な治療パッケージである。

　前半8セッションは，「こ－わ－い－よ」で表される4つのステップの対処プランを身に付ける。

　こ－こわいと感じた？　体の不安反応に気づく。

　わ－わるいことが起こると思った？　否定的な認知に気づく。

　い－いいと思う考えとやりかた。対処的な認知や行動に置き換える。

　よ－よかったとごほうび。自己評価と自己報酬。

　後半8セッションで実際のさまざまな場面にこのスキルを使いながら挑戦してみるのである。

　このクライエントの場合，診断名として不安障害に該当するわけではないが，周囲からの拒否の手がかりを見つけると対処的に振る舞えずにただ退却しており，適応的な社会的スキルを身に付け，それを実行するために不安への対処が有効であると考えて「Coping Cat」を適用した。

　一方で，学校側の方針がやや軟化し，転居を前提に転校を認める方向が示されたため（1月頃），いくつかの学校を下見，仮住まいのアパート探しには父親が積極的に協力した。

　転校が本決まりになり，その準備の意味も込めて，①保健室で養護の先生と話す，②学校にいる時間を延長する，③給食を食べる等の目標を立てるが，担任の協力が得られず①しか達成できなかった。担任の目には，都合のいいことばかり要求する問題児と映っていたようだ。しかし，2年の最後の終業式の日には，担任の申し出で，職員室でいろんな先生に挨拶し，教室で学活を

受け，通知表や色紙を受け取った。「特に抵抗は感じなかった。」今思えば，治療者が担任とのコミュニケーションをもっと積極的にとって，連携を結ぶことでよりスムーズに治療が進んだ可能性もあったと反省している。

新しい学校の新学期に備えて，春休み期間に周囲から拒否された感じを受けたときにどのように「こわいよ」プランを使うか練習した。

こ－顔がこわばる
わ－「結局仲間外れになる」という考え
い－「そうとは限らない」ともかく考え過ぎずに話しかける
よ－「いろんな子と話せてよかったね」

新しい中学には，朝自宅からアパートに私服で行き，そこで制服に着替えて登校するという形をとっている。転校先の中学の受け入れは良く，親しくなった友人が休んだ次の日1日欠席したが，母親の励ましで翌日から登校。1学期の欠席はその日1日のみ。学校は楽しい。夏休みも友人と楽しく遊んだりして過ごしている。

考　察

このクライエントは，治療以前からある程度の対人スキルは持っていました。しかし，新しい集団では過去の拒絶の体験からか，拒否的な手がかりに過剰に反応して引きこもる傾向がありました。自分の不安への対処方法を訓練することで，転校で経験しそうな不安な状況を予行演習することが成功へと結びついたと思われます。

さて，自己教示は不安以外の感情に対しても用いることができます。表5-3に恐怖症への対処，表5-4に怒りへの対処を載せました。77ページの「こ・わ・い・よ」を使って，自分に役立つ自己教示を作ってみましょう。

表5-3 恐怖, 恐怖症への対処

恐怖に備えて
○何をしなければいけないか?
○それを処理するプランを作ることができる。
○そのために何ができるかに集中しなくではいけない。その方が不安になるよりいい。
○自分について否定的なことは言わない。理性的に考えなければ。
○心配するな。心配は助けにはならない。
○たぶん不安だと思っているものは,本当は自分の恐怖に直面しようというファイトなんだ。

恐怖に直面して
○元気をだせ。この挑戦を受けて立つことができる。
○自分はできる。理性的に考えて,恐怖をはねつけちれる。
○一度に一歩ずつ。状況を処理できる。
○恐怖について考えるな。自分のすべきことだけ考えよう。
○注意を散らすな。
○この不安は,先生が感じるだろうと言っていたものだ。
○これは対処の練習をいかせという合図だ。
○この緊張は味方になる。対処の手がかりだ。
○リラックスしよう。コントロールできている。ゆっくり深呼吸をして。いいぞ。

恐怖の感情に対処して
○さあ,恐怖がやってきた。ひと息つこう。
○現在に焦点をあてて。やるべきことは何か?
○自分の恐怖を0から10のスケールで測って,変化を見てみよう。
○自分の恐怖が強まるのは予測通りだ。
○恐怖を全くなくそうとはしない。ただコントロールできるようにしておこう。

振り返り
○うまくいった。やったぞ。
○このことを治療者(グループ)に伝えるのが待ちどおしい。
○思っていたほどひどくなかったぞ。
○恐怖からそれ以上のものが得られた。
○自分のばかばかしい考え。それが問題なんだ。それをコントロールすれば,恐怖をコントロールできる。
○このやり方を使うたびに良くなっていく。
○自分の進歩がうれしい。
○やったぞ。

表5-4　怒りの対処

怒りに備えて
○これはいやな状況かもしれない。しかし，どうしたらいいかはわかっている。
○これを処理するプランを立てられる。のんびりやろう。
○問題に集中し，ものごとを自分への当てつけだと考えないことを忘れるな。
○言い合いをする必要はないだろう。何をするべきかはわかっている。

怒りに直面して
○冷静さを失わない限り，状況をコントロールできている。
○自分の正しさを証明する必要はない。必要以上のことをするな。
○頭にくることは何もない。何をすべきかに集中しよう。
○肯定的な面を探そう。あわてて結論を出さないようにしよう。

怒りの感情に対処して
○筋肉か緊張している。リラックスしよう。ゆっくりやろう。
○深呼吸して。さあ，一つずつこなしていこう。
○怒りは，するべきことを教えてくれる合図だ。問題解決の時だ。
○彼はたぶん私を怒らせたいのだ。でも，そうはいかない。建設的に処理していくぞ。

振り返り――対立か未解決の場合
○忘れてしまおう。考えても腹が立つだけだ。
○はねつけよう。うまくできることの邪魔はさせないぞ。
○リラックスしよう。腹を立てるよりずっといい。
○自分への当てつけと考えるな。そんな深刻じゃない。

振り返り――対立が解決した場合
○とてもうまく処理できた。いいぞ!
○もっと怒ることもできた。でもその値打ちもない。
○自分のプライドのせいでトラブルに巻きこまれることがある。しかし，トラブルに巻きこまれずにとどまるのが上手になってきた。
○腹を立てないで本当に乗り越えたぞ。
○冷静でいられるぞ。

こ＿＿＿＿＿＿＿＿＿＿

わ＿＿＿＿＿＿＿＿＿＿

い＿＿＿＿＿＿＿＿＿＿

よ＿＿＿＿＿＿＿＿＿＿

第6講　解決志向アプローチ

　非常に臨床が上手かったミルトン・エリクソン（1901-1980）が自身の面接技法を体系化しないまま世を去り，影響を受けた弟子や共同研究者らが短期療法と言われるさまざまな心理療法を提唱しました。その一つに，ド・シェイザー，インスー・キム・バーグを中心に開発された解決志向アプローチがあります（Berg, 1994）。解決志向は問題志向の対立概念と言えます。問題志向とは，何が問題かを明らかにして，その問題をどうしたらなくせるかの対策を考えます。一方，解決志向は，問題に焦点を当てません。問題がなくなったらどうなっているか？　それに近いことは起こっているか？　起こっていれば，それを続ければいい。
　大きな発想の転換があります。行動療法にせよ，認知行動療法にせよ，そして，医学モデルも，すべてが問題志向です。ここで解決志向を取り上げるのは，この発想がクライエントを力づけるのに非常に有効だからです。家族療法の考え方にワンダウンポジションという考え方があります。われわれ専門家と言われる人は，どうしても権威を持っています。どうしても上から目線で教えてしまいます。認知行動療法は教育モデルですから，Th-Cl関係は教師‐生徒関係に似てきます。Clや生徒はわかっていないので，Thや教師が教えてあげよう，考え方の偏りを正してあげようとなります。しかし，これでは，Clは自信をつけるよりは，「自分はダメなんだ」と自信を失う可能性もあるわけです。「いいことを学べた」となればいいのですが，「一向によくならない」「また，ダメ出しされた」となっては困ります。あの先生は大したものだ。という尊敬は一見ありがたいですが，そこには依存関係を作り出す罠も潜んでいます。ワンダウンポジションは，Clの生活を一番良く知っているのはClである。解決策を知っているのもClである。こちらは，むしろClに教えていただく立場である。われわれ専門家はむしろ，彼らより一段下であるということです。
　解決志向の例を上げましょう。たとえば，不登校のお子さんがいて，お母さんが困って相談に来られます。問題志向であれば，いつから不登校か，原因は何か，どうしたらその原因を取り除けるか，という発想をします。いじめが原因となれば，いじめっ子とクラスを離そう，遅れた勉強をどうやって取り戻して自信をつければいいかなどと考えていくわけです。
　一方，解決志向であれば，「その問題がすべて解決したら，お母さんはどんな一日を送るでしょう？」と解決像に焦点を当てます。「明るい気分で鼻歌交じりで家事を片付けます。趣味の教室に行ったり，昔の友人に電話してランチを楽しみます。夕食も家族と会話がはずんで，とてもいい気持ちでお風呂に入って眠ります」というようなことが語られます。「それとちょっとでも似たことは最近なかったですか？」「そう言えば，夫と一緒に映画を見に行って，あの日は楽し

かったです」と。では，「また夫を誘って，何かしてみましょうか？」みたいな流れになって行きます。「えっ，息子の不登校は？」と思われるかもしれませんが，相談に来られるまでの段階で，たいがいのできることはされているはずです。それがうまく行っていないから問題が行き詰まっている。すべての問題は息子の不登校から始まっているんだとなると，それをどうにかしないと解決はないと思い込んでいます。しかし，1 年 365 日 24 時間，全く同じ調子で苦しみ続けているはずはありません。調子のいい時もあれば，悪い時もあります。いろんなことを試して，比較的うまくいくこともあれば，全くダメなこともあるでしょう。

　これはもちろん，夫と遊び歩けば，子どもの不登校が直るなどと言っているわけではありません。子どもの不登校とがっぷり四つに組んでいる状態では見えていない変化に気づけるかもしれないし，子どもの方で親の変化に触発されて動き出すことだってあるかもしれないのです。

　解決志向の問いかけ方に，ミラクル・クエスチョンがあります。「あなたが眠っている間に奇跡が起きて問題が解決したら，どんなことから問題が解決していることがわかるでしょうか？」と問いかける。

　さらに，スケーリング・クエスチョン「1（最善）〜 10（最悪）のスケールで測るとしたら，現在はどのくらいですか？」と現状把握をする。「それがほんの少しだけ改善したとしたら，今とどんなところが違っているでしょうか？」と身近な自分の設定できる課題を探ります。

　例外探し「解決後の状態に似たようなことは，最近ではどんな時にありましたか？」「それは，一体どうやってそうなったのでしょうか？　どうやってやったのですか？」と質問し，すでに解決が始まっていること，その方向で努力をすればいいこと，そして，それをやる力があなた自身にあることを確認しますし，こちらはそれを教えてもらう立場を取ります。

　中心哲学は，うまくいっているのなら，変えようとするな。もし一度やって，うまくいったのなら，またそれをせよ。もしうまくいっていないのであれば，違うことをせよ。という大変シンプルなものです。

　面接の中では，相手の動機づけを見定めないといけません。たとえば，こちらから何か提案する時に，これを見誤ると見当外れな宿題を出してしまって，やってもらえない，もっと悪いと次の面接に来てもらえないことが起こります。

　いやいやタイプ（Visitor タイプ）は，問題がない，治療を望んでいない，期待していないというスタンスで来ていますから，相手に多くの要求をしても，それは空振りに終わるでしょう。たとえば，スクールカウンセリングに来ている生徒の中には，イヤイヤ相談室に送り込まれた生徒がいたりします。DV 加害者で接近禁止を言われて，家族に会うためにしょうがなくカウンセリングに来ている人もいるかもしれません。こんな人には，援助の提供はしないで，もし，可能なら隠れたニーズを探す辺りが妥当です。

　次が，被害者タイプ（Complainant タイプ）で，困ってはいるが，自分以外のところに解決があると思っている場合です。母親が悪い，父親が悪い，教師が悪い，クラスメートが悪いと批判をしています。そういう人に，「いやいや，君にだって落ち度はあるよね」と言ったところで，「そうですよね」と簡単に受け入れてくれるはずはありません。自分以外の場所の解決を探ります。

　コミットタイプ（Customer タイプ）は，問題の解決には自分の変化や行動が必要と理解して

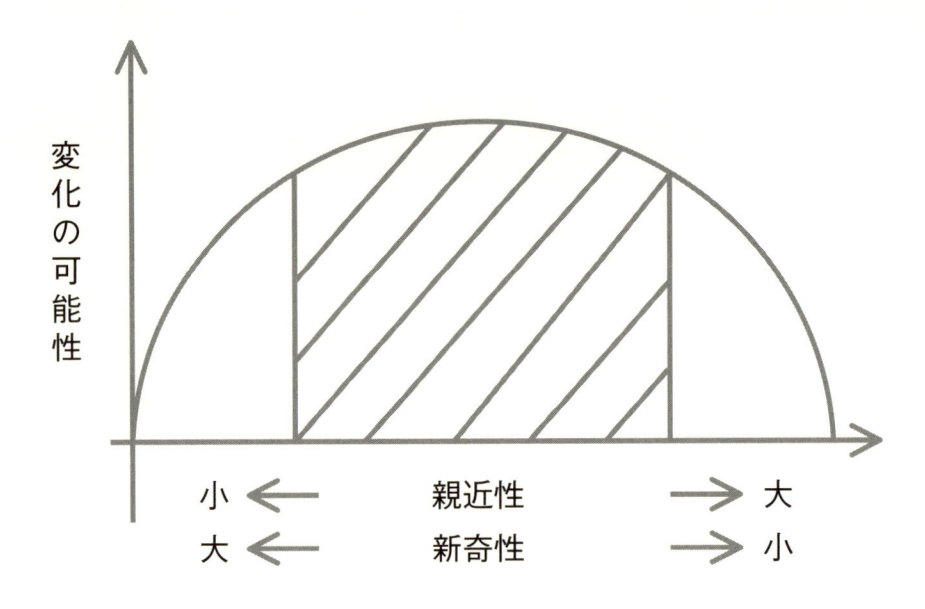

図6-1 変化の可能性と新奇性,親近性の関連
(Mahoney, 1991)を改変

いる場合です。これは，その変化・行動の援助をすればいいので，簡単ですね。しかし，気をつけたいのは，表面上，「変わりたいんだ」と言いつつ，変わることに抵抗をする場合もあります。本人も無意識に抵抗を示す場合もあるので，本気度を見定める必要があります。

この3つのタイプは，固定的なものではありません。前回いやいやタイプだった人が，被害者タイプになり，さらに，面接が進んでコミットタイプになることもありますし，逆にコミットタイプの人が，実は治療者の前でいい子，いい患者を演じていたが，その後本音を出してきて，被害者タイプになってしまうこともあるでしょう。

われわれは，変化を望んでいるのでしょうか？　心理療法家のもとを訪れるのは変わるための援助が欲しいからでしょう。でも，「変わりなさい」と言われたら変われるのでしょうか？　正しいことを言われたら変われるのでしょうか？　今までがうまく行っていなかったからと言って，今までのものをすべて捨てなさいと言われたら，どこから手を付けていいかもわかりません。変わるためには，「あなたはいろいろとうまくやっていますよ。それを続けたらいい」の方が実は効果的かもしれないのです。少なくとも，力は湧いてくるかもしれません。変化（図6-1）が起こるのは，新奇性と親和性のちょうどのところであるとマホーニー（Mahoney, 1991）は言っています。

解決志向アプローチの面接の進め方

1. 問題については軽く聞く。ただ，具体性は必要。どうなりたいのか？「今日はどんなことでいらっしゃいました？」

2. スケーリング・クエスチョン「0～10で，0が最低，最悪，10が最高，最善とすると今はどのくらいですか？」

3. おもむろに，ミラクル・クエスチョンを投げる。「ちょっと変な質問をしますね。今日家に帰られて，夜寝ますね。寝ている間に奇跡が起こって今言われていた問題がすべて解決するとします。しかし，あなたは寝ているので，それに気づきません。朝起きて，どんな違いから奇跡が起きたことに気づかれるでしょうか？」（10分粘る）

4. 例外探し「今おっしゃったこととちょっとでも似たようなことが最近なかったですか？」（howの質問なども織り交ぜて「どうやってやったのですか？」）

5. 課題設定に向けて「先ほどの点数が1点上がるとすると，どんなことが起こっていますか？」

6. 課題設定
   （ア）コミットタイプなら「○○をしてみてください」
   （イ）被害者タイプなら「○○を観察してみてください」
   （ウ）いやいやタイプなら「よかったら○○を観察してみてください」

第7講 トラウマについて(1)
——トラウマ,愛着

1. トラウマについて

　有名なケスラーら (Kessler et al., 1995) の全米併存症調査では,外傷的出来事を規定して,以下のような12項目をあげています。1. 実際の戦闘への参加,2. 死にかけるような事故,3. 火事,水害,地震などの自然災害,4. 大けがや殺されたりする誰かの目撃,5. 強姦,6. 性的暴行,7. 身体暴行,8. 子どもの頃の身体的虐待,9. 子どもの頃のひどい無視,10. 武器での脅し,監禁,誘拐,11. そのほか,ほとんどの人が体験しないような恐ろしいめにあった,12. 上に挙げたようなことが,あなたの身近な人物に起こって大きなショックを受けた,です。
　2013年に発表されたDSM-5でのPTSDの記述の中で,トラウマというストレッサーを「現実の死もしくは,死の怖れ,現実の深刻なケガもしくは,深刻なケガの怖れ,現実の性的な暴行,もしくは暴行の怖れ。経験,目撃,伝聞も含む」と記しています。これは,DSM-IV-TRに比べると,その際の「反応が強い恐怖,無力感または戦慄に関するもの」という部分がなくなっていることに気づきます。これは,研究の蓄積により,トラウマ周辺解離,トラウマを経験した当初の解離的な反応,すなわち,ほとんど反応がでない,麻痺したような,何も感じていないような状態の人が,その後の予後がむしろ悪いということがわかってきたことによります。
　トラウマへの反応(図7-1)はまず,急性ストレス反応があり,自然に寛解する人も少なくありません。次に,ASD(急性ストレス障害)があり,これも1カ月の経過の間に,治ってしまう人がいる一方,PTSDに移行する人もいる。しかし,一方で,ASDではなかった人でもPTSDになる。さらには,遅発性PTSDもある。さらには,他の障害として,MDD(大うつ病性障害),GAD(全般性不安障害),広場恐怖,社交恐怖,パニック障害,物質乱用などの形で症状が出る人もいるのです。
　トラウマがどのように精神障害に至るかは,図7-2のように,さまざまな媒介変数が働いていると考えられています。ですから,同じ経験をしても,病気になる人もいれば,ならずに治る人もいるわけです。
　トラウマには,狭い定義と広い定義があると言われています。大文字のTのトラウマ,小文字のtのトラウマと呼んだりしています。狭いトラウマの定義 = Trauma : PTSDのA基準を

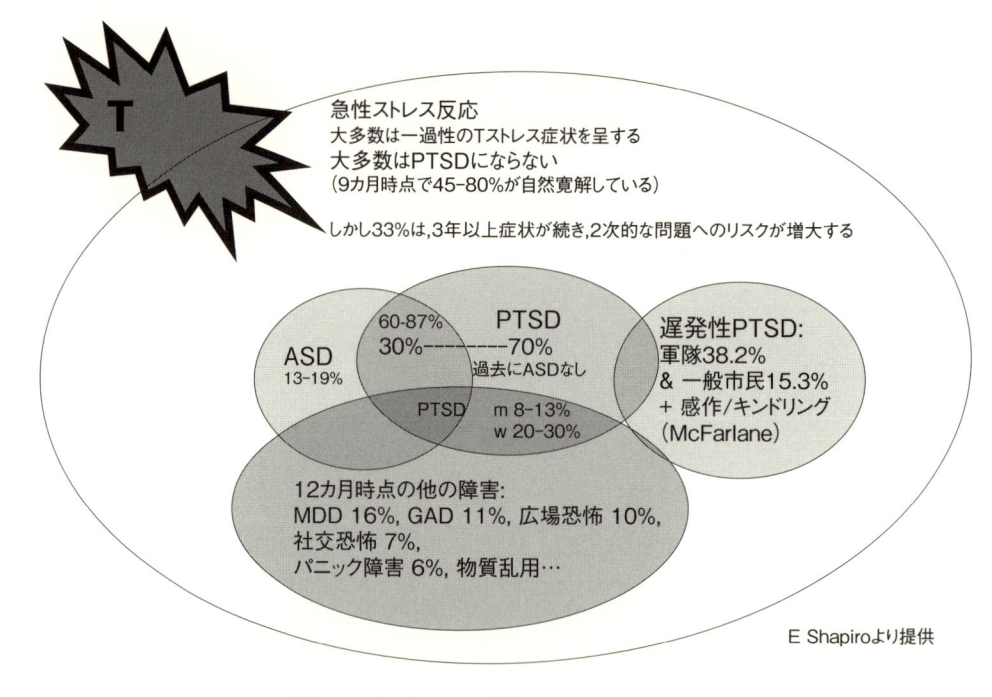

図7-1 トラウマへの反応
(Data from Brewin et al, 2000; Bryant 2008; McFarlane 2008; Andrews et al, 2007; N.I.C.E, 2005; Roberts et al 2009)

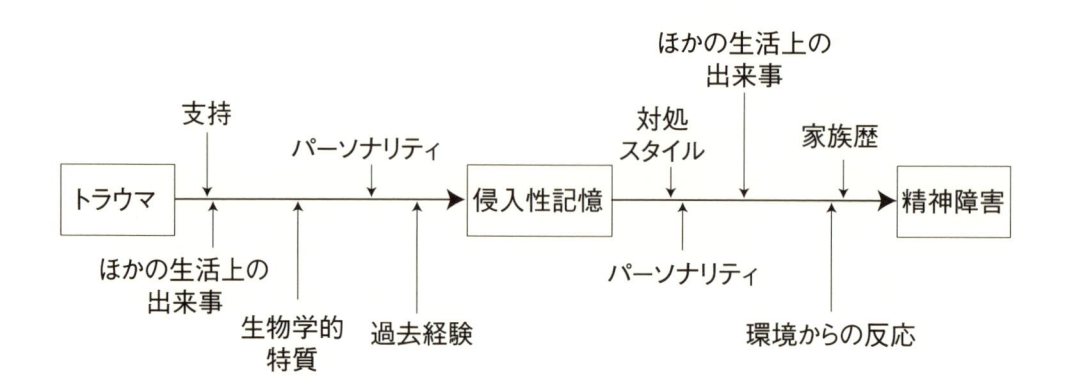

図中:
急性ストレス反応
大多数は一過性のTストレス症状を呈する
大多数はPTSDにならない
(9カ月時点で45-80%が自然寛解している)
しかし33%は、3年以上症状が続き、2次的な問題へのリスクが増大する

ASD 13-19%
60-87%
PTSD 30%――――70%
過去にASDなし
PTSD m 8-13%　w 20-30%
遅発性PTSD：軍隊38.2% & 一般市民15.3% + 感作/キンドリング (McFarlane)
12カ月時点の他の障害：
MDD 16%, GAD 11%, 広場恐怖 10%, 社交恐怖 7%, パニック障害 6%, 物質乱用…

E Shapiroより提供

図7-2 トラウマ→侵入性記憶→精神障害

トラウマ → 侵入性記憶 → 精神障害
（支持、パーソナリティ、対処スタイル、ほかの生活上の出来事、家族歴、ほかの生活上の出来事、生物学的特質、過去経験、パーソナリティ、環境からの反応）

満たすもので，広いトラウマの定義 = trauma：A 基準を満たさないが，後々まで影響を与え続けるもの。特に養育早期のものは影響が大きいと言われています。ラプランシュとポンタリス (Laplanche & Pontalis, 1976) は，精神分析用語事典で，主体の生活中に起こる事件で，それが強烈であること，主体がそれに適切に反応することができないこと，心的組織の中で長く病因となり続けるような混乱やその他の諸効果を引き起こすこと等とトラウマを捉えています。

狭い定義を支持する立場としては，軽度のストレスを体験した人に「被害者」としての地位

を与えると，この地位の濫用になる，安易に他罰的になり，せっかくの自身のレジリエンスを高めるチャンスを奪うと考えます。賠償責任，すなわち司法の場で因果関係を争うような場合には，広いとやたら訴訟だらけとなってしまうでしょう。また，二次的疾病利得の問題も考えておく必要があります。これは，病気であることで返って得をするような状況があることで，病気からなかなか治ることができないような状態を指します。たとえば，裁判に勝つためには，より症状は深刻だったり，長引いたりした方が有利かもしれません。一方，広い定義を支持する立場は，自責的な思考がこの障害の1つの特徴なので，トラウマであり，積極的なサポートを受けてもいいのだということを強調する必要がある。また，周囲の無理解から，「大したことないのに騒いでいる」「被害者面している」「本人に問題がある」などと責められて2次受傷を受けることもあります。研究面では，研究対象が広がって，純粋な臨床群でないアナログスタディも可能になるという面もあります。

　関連した研究としては，モルら（Mol et al., 2005）の研究があります。これは，2,997名の成人の無作為サンプルに対して質問紙を郵送する形で行われました。PTSDスコアと最悪の出来事の記述を求めました。彼らが最悪の出来事として上げたものをPTSD診断基準のA基準に照らして，トラウマイベント（T：n=299）か，ライフイベント（L：n=533）かに分類して，PTSDスコアを比較しました。出来事の時期は平均で，T＝18年前，L＝12年前とトラウマイベントの方が古いようでした。一方，現在のPTSDスコアは，時期を問わなければ，Lは，Tより高く，時期を分けると，30年以上前の出来事では，TとLで差はなく，最近30年の出来事では，LがTより高い結果でした。これらから言えることは，ライフイベントであっても十分にPTSD症状を引き起こし得るということです。したがって，臨床的にはトラウマイベントのみに注目したのではクライエントの役に十分に立てない可能性もあるわけです。

2. 愛着について

　トラウマの問題はPTSDの問題だけではありません。愛着の問題も触れておきましょう。アタッチメント（attachment）とは，乳幼児に形成される「愛着＝情緒的な深い結びつき」のことで，特定の親密な養育者と乳幼児の間で，アタッチメントが形成され，乳幼児の安心感や信頼感の源泉となります。ボールビー（Bowlby）の愛着理論によれば，幼児の愛着行動は，ストレスのある状況で対象への親密さを求めるために行っていると考えられています。幼児は，生後6カ月頃より2歳頃までの期間，継続して幼児の養育者であり，幼児と社会的相互作用を行い，幼児に責任を持つような大人に対して愛着を示すのです。この時期の後半では，子どもは，愛着の対象者（よく知っている大人）を安全基地として使うようになります。そして，そこから離れて，探索行動を行い，またそこへ戻るのです。発達心理学の領域で，ストレンジシチュエーション法（Ainsworth et al., 1978）という研究方法があります。これは，母子の分離と再会の場面を人為的に作って，そこでの赤ちゃんの反応を見ています。

1. 実験者（図7-3）が母子を室内に案内（①）。母親は子を抱いて入室。実験者は母親に子を下ろす位置を指示して退出（30秒）。
2. 母親（図7-4）は椅子に座り，子はおもちゃで遊んでいる（②）。（3分）

図7-3　ストレンジ・シチュエーション法①

図7-4　ストレンジ・シチュエーション法②〜⑤

図7-5　ストレンジ・シチュエーション法⑥〜⑧

3. ストレンジャーが入室。それぞれの椅子に座る（③）。(3分)
4. 1回めの母子分離。母親は退室。ストレンジャーは子どもに働きかける（④）。(3分)
5. 1回めの母子再会。母親が入室，ストレンジャーは退室（⑤）。(3分)
6. 2回めの母子分離（図7-5）。母親も退室。子どもはひとり残される（⑥）。(3分)

7. ストレンジャーが入室。子を慰める（⑦）。（3分）
8. 2回めの母子再会。母親が入室し，ストレンジャーは退室（⑧）。（3分）

このような場面での赤ちゃんの反応を以下のようなタイプに分けました（Ainsworth et al., 1979）。

- タイプA「回避型」：養育者との分離で混乱を見せない。養育者との間に距離を置きがち。
- タイプB「安定型」：分離時に混乱。再会で静穏化。
- タイプC「アンビヴァレント型」：分離で激しい苦痛。再会でも苦痛を引きずり，怒りや抵抗。

さらに後になって，以下のタイプが加えられました（Main & Solomon, 1986）。

- タイプD「無秩序・無方向型」：分離，再会で，近接と回避という両立しない行動を同時的（顔をそむけながら近づく），継時的（養育者にしがみついたかと思うと床に倒れ込む）に見せる。

また，それぞれの養育者の特徴として，以下のようなことが指摘されています。

- タイプA「回避型」：拒絶的。特に子の否定的な感情の表出に対して遠ざかる。
- タイプB「安定型」：感受性や応答性が高く行動に一貫性が見られる。
- タイプC「アンビヴァレント型」：気まぐれ，一貫性が乏しく，行動が予測しにくい。
- タイプD「無秩序・無方向型」：「未解決型」過去になんらかのトラウマを有し，それをまだ心理的に引きずる。おびえ，混乱，子どもに無反応。

さらに，子どもたちがどのような自己認知を抱くかに関しては，

- タイプA「回避型」：「自分は拒絶される存在」「自分が近づこうとすれば，他者は離れていく」
- タイプB「安定型」：「自分は受容される存在である」「他者は自分が困ったときに助けてくれる」
- タイプC「アンビヴァレント型」：「自分はいつ見捨てられるかわからない」
- タイプD「無秩序・無方向型」：「？」常にゆらぐ自己認知？

というような指摘がされています。

また，成人後に養育者について語ってもらうと，

- タイプA「回避型」：表面的なことしか話そうとしない「愛着軽視型」
- タイプB「安定型」：防衛なく整合一貫して語る「自律・安定型」
- タイプC「アンビヴァレント型」：話が冗長，一貫性がない，過去を今のように語ることがある「とらわれ型」
- タイプD「無秩序・無方向型」：死別や分離に関して選択的にメタ認知が作動せず，非現実な内容の語りになったり，語りの整合性を著しく崩す。

というようなことが指摘されています。

表には，DSM-5 の反応性愛着障害（表7-1），脱抑制型対人交流障害（表7-2）や ICD-10 の小児期の反応性愛着障害（表7-3），小児期の脱抑制性愛着障害（表7-4）を示しました。これらは，小児期での症状です。

シュミットら（Schmid et al., 2013）は，DSM-5 制定の途上であった発達的トラウマ障害とい

表7-1　DSM-5：反応性アタッチメント障害／反応性愛着障害

A. 大人の養育者に対する抑制され情動的に引きこもった行動の一貫した様式
　苦痛なときでも，その子どもはめったにまたは最小限しか安楽を求めない。安楽に反応しない。
B. 持続的な対人交流と情動の障害（以下のうち2つ）
　他者に対する最小限の対人交流と情動の反応
　制限された陽性の感情
　大人の養育者との威嚇的でない交流の場でも，説明できない明らかないらだたしさ，悲しみまたは恐怖のエピソードがある
C. 不十分な養育の極端な様式を経験（以下の一つ）
　安楽，刺激，および愛情に対する基本的な情動欲求が養育する大人によって満たされることが持続的に欠落するという形の社会的ネグレクトまたは剥奪
　安定したアタッチメント形成の機会を制限することになる，主たる養育者の頻回な変更
　選択的アタッチメントを形成する機会を極端に制限することになる，普通でない状況における養育
D. 基準Cが基準Aの行動障害の原因であると見なされる
E. 自閉性スペクトラム症の診断基準を満たさない
F. 5歳以前に明らか。
G. 少なくとも9カ月の発達年齢。

表7-2　DSM-5：脱抑制型対人交流障害

A. 見慣れない大人に積極的に近づき交流する子どもの行動様式（以下のうち2つ）
　見慣れない大人に近づき交流することへのためらいの減少または欠如
　過度に馴れ馴れしい言語的または身体的行動（文化的に認められた，年齢相応の社会的規範を逸脱している）
　たとえ不慣れな状況であっても，遠くに離れて行った後に大人の養育者を振り返って確認することの減少または欠如
　最小限に，または何のためらいもなく，見慣れない大人に進んでついて行こうとする。
B. 基準Aにあげた行動は注意欠如・多動症で認められるような衝動性に限定されず，社会的な脱抑制行動を含む。
C. 不十分な養育の極端な様式を経験
　反応性アタッチメント障害／反応性愛着障害のC.と同じ
D. 基準Cが基準Aの行動障害の原因であると見なされる
E. 少なくとも9カ月の発達年齢。

う概念についての議論を展望して，PTSDだけでは，トラウマの心理的影響をカバーできないと指摘しています（図7-6）。横軸は出生から成人期へ向けての人間の発達期です。トラウマを受けた患者，特に幼少期の虐待的養育のような繰り返されるトラウマがさまざまな精神疾患へと至ると主張しています（Terr, 1991）。幼児期のものとして，調節障害から，愛着障害，情緒障害，双極性障害まで，児童期から青年期にかけて，反抗挑戦性障害からADHD，社会的行動の障害，気分障害，物質乱用まで，さらに，成人期早期は，自傷や自殺念慮，パーソナリティ障害，解離性障害や身体表現性障害までと，非常に広範囲の疾患にトラウマの問題が関わっていると主張しているわけです。もちろん，トラウマの要因を重要視し過ぎているとか，レジリエンスの役割を過小評価し過ぎているという反対意見もあるわけです。

表7-3　ICD-10：F94.1 小児期の反応性愛着障害
（Reactive attachment disorder of childhood）

- 乳児や幼児に起こるこの障害は，社会的関係パターンが持続的に異常を示すことが特徴であり，情緒障害を伴い，周囲の環境の変化に反応したものである。励ましても効果がない恐れと過度の警戒が特徴的であり，友達との社会的相互交流が乏しいことが典型的であり，自分自身や他人への攻撃性がしばしば見られ，惨めさを感じていることが普通であり，ある場合には成長の不全が起こる。この症候群はおそらく親のひどい無視，虐待や深刻な療育過誤の直接的な結果として起こりうる。
- 別離や再会の時に最も明瞭となる，ひどく矛盾したあるいは両価的な社会的な反応を表す。

表7-4　ICD-10：F94.2 小児期の脱抑制性愛着障害
（Disinhibited attachment disorder of childhood）

- 異常な社会的機能の特殊なパターンであり，5歳以前に発症し，いったん形成されると周囲の環境が著しく変化しても持続する傾向を示す。この障害の小児は2歳ごろまではしがみつきと誰にでもべったりとくっつく，無選択的に集中する愛着行動を示す。4歳まで相手かまわずの愛着行動は残るが，しがみつき行動は，注意を惹こうとする，無分別に親しげな行動にとって変わられる。小児期の中，後期には，選択的な愛着が発達することもしないこともあるが，しかし注意を惹こうとする行動はしばしば持続し，仲間との調子を合わせた相互交流が乏しいのが普通である。また環境によっては情緒障害や行動障害を伴うことがある。この症候群は，施設以外でも起こるが，乳児期から施設で育てられた子どもで最もはっきりと確認されてきている。

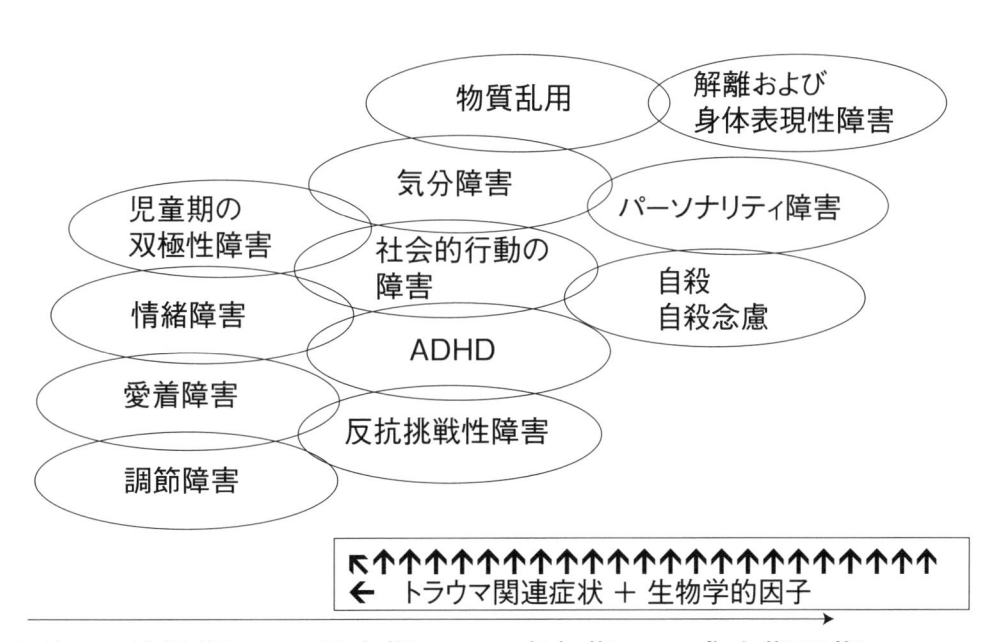

図7-6　トラウマの発達的異所形成
（Schmid et al., 2013）

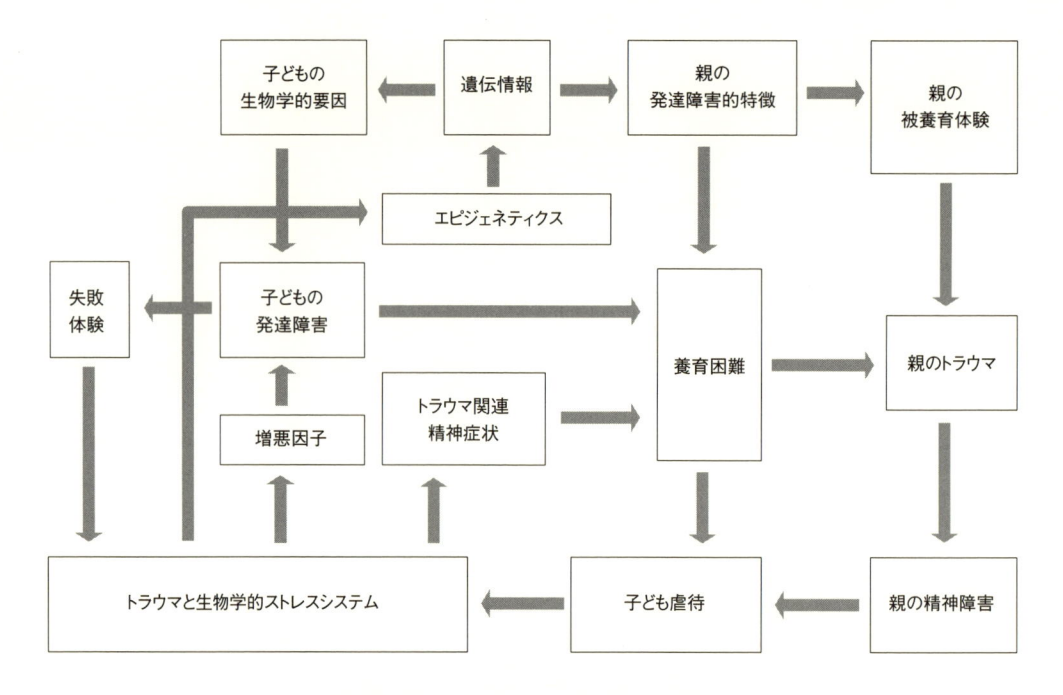

図7-7　発達障害と子ども虐待に関連する因果関係の模式図
（小野, 2014）

　また，発達障害と子ども虐待の関連を指摘する研究者もいます（小野，2014）（図7-7）。生物学的因子やトラウマが子どもの発達障害を増悪させ，遺伝的には親の発達障害とも絡んでいるし，育てにくさ，養育困難が親のトラウマとなり，精神障害へ至り，虐待に至るかもしれません。
　愛着の問題とトラウマの問題は複雑に絡み合い，さらに，世代間連鎖の問題も含んで人生の長きにわたって，もしくは，世代を越えて影響を与え続けると言えるでしょう。

第8講　トラウマについて(2)
──いじめ, PTSD

1. 現代のいじめの特徴

　1985年度に行われた文部省調査におけるいじめの定義（鈴木，1995より引用）は，①自分より弱いものに対して一方的に，②身体的・心理的な攻撃を継続的に加え，③相手が深刻な苦痛を感じているものであって，学校としてその事実を確認しているもの」となっていました。しかし，宮原（1983）は，古典的な「弱い者いじめ」と異なる現代の「いじめ」の特徴として，①弱いからいじめるのではなく，自分たちのグループや集団の均質性からはずれたものをいじめる，②一対一でよりも，個人ないしは小グループを大勢でいじめる，③みんなでやれば怖くないという匿名性をもつ，④いじめの相手が，いじめの側に同化したとき，いじめる側に転化する，⑤公的権力や組織に対して向かわず，私的グループや弱いグループや弱い個人に向かう，⑥強力な反発があればおさまり，なければより強く，継続的になる，⑦非人間的残酷さを次第に強め，遊戯性，快感性をもっている，⑧ルールなく，どんな手段でもとる，⑨理由なく，突然いじめ，誰を対象とするかわからない，⑩仲間であり，身内であった者をいじめる，といった点を指摘しています。現代のいじめの特徴をだいたい総合すると，陰湿で，執拗（徹底的）で，長期化しており，大人から見え難くなっているといったことが言えましょう（鈴木，1995）。具体的ないじめ行為の内容としては，言葉による暴力，暴力，無視，いやがらせ，いたずら，仲間はずれ，従わせる，恐喝などが被害経験のある大学生の回答として上げられています（奥村ら，1987）。こうした経験は，いじめられる者にとって，大変理不尽に感じられます。理由もよくわかりません。始まりも終わりも予測不可能です。親しかった友人から裏切られるような経験をする場合もあります。それまでの信頼，安全，仲間といったものに対する築いてきたもしくは築こうとしていた概念を大きく揺さぶることとなります。こういう流れを受けて，2007年に文部科学省によっていじめの定義は見直され，「子どもが一定の人間関係のある者から，心理的・物理的攻撃を受けたことにより，精神的な苦痛を感じているもの」「いじめか否かの判断は，いじめられた子どもの立場に立って行うよう徹底させる」と周りが客観的に認知できにくいことが考慮された形に変化してきています。

2. いじめ経験の主観的認知とトラウマ

　頼藤（1996）は，被害者側の認知と加害行為の内容，周囲からの認知を加味して，いじめをスペクトラムとして捉える提案をしており，段階0：被害念慮もしくは，被害妄想，段階1：周囲に積極的な加害的意図や実行が確認・推定されないにもかかわらず，結果的に，疎外された形で被害感を募らせている場合，段階2：主として心理的な被害を繰り返し受けていると推定され，加害事実の確認は困難であっても被害者側に急性ストレス反応が現れている場合，段階3：あきらかな心理的・物理的被害を繰り返し受けており，それが第三者によって確認可能な場合，段階4：あきらかな身体的・経済的被害を繰り返し受けており，加害者側の行為が犯罪要件を満たす場合の5段階を設けています。段階2と3が学校で対応する際に特に問題になること，こうした段階の見極めや，段階の移行に注意を払い，異なった対応をすることの必要性を主張しています。

　現代のいじめの中に，頼藤が指摘する段階4のような，いじめられる者にとって，生命の危機さえ感じさせる，強い脅威のものがあることは事実です。しかし，このようなPTSD級の加害事実のあるいじめのみをトラウマとして考えるべきでしょうか？　トラウマを本当に狭く，DSM-IV（APA, 1994）のPTSDの（A）の基準，①実際にまたは危うく死ぬまたは重傷を負うような出来事を，一度または数度，または自分または他人の身体の保全に迫る危険を，患者が体験し，目撃し，または直面し，②患者の反応は強い恐怖，無力感または戦慄に関するものである，の2項目の両方を経験した者のみに限定すべきでしょうか？　とすれば非常に残虐ないじめを除いて，多くのいじめなどはトラウマではないとすることが妥当なのでしょうか？　頼藤も段階2で，「加害事実の確認は困難であっても被害者側に急性ストレス反応が現れている場合」という形で，いじめられる側の反応を問題にしています。生命の危機を感じさせなくとも，それまで持っていた信頼や安心といった認知を大きく変えることが迫られるような経験が続くとしたら，それは十分トラウマとして治療の対象となりうるのではないでしょうか？[注]

　DSM-III-RからIVに改訂される際に，①のストレッサーの強度をどこまで下げるか，どう客観的に定義するか，②の被害者の知覚，認知，反応をどこまで重視するかが問題として提起されました（Davidson, & Foa, 1991）。一方で，ストレスの相互作用理論（Lazarus & Folkman, 1984）のように，クライエントの側のストレス反応をストレッサーの客観的な強度で考えるよりは，クライエント側の認知過程をより重視する考え方が隆盛になり，認知行動療法といった認知過程に働きかける心理療法が発展してきています。こうした状況を考慮に入れれば，今後の改訂作業の中では，さらに，被害者が知覚した脅威の程度，それまでの認知構造を大きく狂わせたかどうかといった主観的な視点が診断基準の中で重視されていくこともありうるのではないでしょうか？　少なくともPTSDを認知の問題として扱う必要性を指摘する意見があり（西

注）トラウマや心の傷が少しブームのようになっている状況で，トラウマの拡大解釈を警戒する声があるのは承知している（たとえば，下坂幸三「心的外傷理論の拡大化に反対する」『精神療法』24(4), 1998年, 332-339）。たしかに，苦痛な体験をすべてトラウマと呼び，トラウマを受けた人を被害者として，治療者が彼らの味方になって，トラウマを与えた人を加害者として非難する，そして，クライアントのなかに何ら，苦痛を乗り越えていく力を育てずに，他者への非難や責任転嫁のみを協同で育てていくのだとしたら，トラウマの流行は全く悲しむべきことである。

園，1996；市井，1997a)．トラウマを考える際に，ストレッサーの主観的な評価の部分も考慮に入れる傾向は強まっています（Yule, 1996）。さらに，立花（1990）はいじめが契機となった精神疾患の患者25名を概観し，外見上軽微に見える「いじめられ体験」でさえも，子どもにとってはPTSD級の深い心の傷を与える可能性があることを指摘しています。となると，ますます，トラウマをクライエントの主観的な経験の世界から見ていく必要性がありそうです。こうした現状を踏まえ，私はトラウマとは，「その個人のその後の生活や不安対処能力が影響を受けるほど強烈なできごとの経験による行動面，情動面，認知面の変化のことである（日本健康心理学会，1996）」とやや広くトラウマを考える立場を取りたいと思います。

3. いじめへの対処，ソーシャルサポート

　いじめというストレス場面にどう対処するかももちろん重要です。坂西（1995）は小・中・高時代のいじめ被害経験を大学生に回顧させて，「自分だけで反撃する」「教師，家族，友人に相談する」といった積極的対処が，「何もしないでいじめられるままになっていた」という消極的対処と比べて，いじめの制止に役だったことを示しています。浜口・川端（1995）は，マンガを用いた架空のいじめ場面での被害者の反応によって加害者にどういう感情や行動を引き起こすかを小学生に評定させました。服従的であるよりも主張的，攻撃的である方が，加害者のいじめの動機を下げ，謝罪や補償的行動を引き出しやすいとしています。しかし，性差があって，女子では攻撃的行動は否定的に認知され，主張的行動が加害者のさらなる「いじめ」を最も誘発しやすいことも示されました。

　また，高橋・西村・鈴木（1982）は，被害を大きく受けている生徒は，友人の数が少なく，仲間との同調・連帯意識が弱く，また，教師は生徒の仲間づきあいを知らないと思っていると記しています。さらに，いじめ現場の周囲の生徒の態度として，「知らん顔をしていた」「ただ見ているだけだった」という放置的態度が3から4割で，「面白がってみていた」「相手に味方しているみたいだった」という野次馬的態度が15%，「とめようとした」は10%にも満たないとの報告もあります（鈴木・高橋・西村，1983）。また，いじめの周辺にいる生徒たちも，いじめられっ子を擁護すること，たとえば，仲間はずれにされている子と遊んだり，いじめた子に注意することなど，が原因で逆に自分がいじめられるケースが少なくありません（杉原・宮田・桜井，1986）。いじめを「とめると自分もいじめられそう」だからとめなかったと当時を振り返る大学生が25％というデータもあります（豊嶋・石永・遠山，1993）。

　こうした資料を総合すると，積極的な対処でいじめに対抗していくことが，いじめられっ子自身の特性（ソーシャルサポートをあまり持っていない）から考えても，周囲の子どもの態度から考えても決して容易なことではないし，結果的にも必ずしも効果的とは言い切れない様子が窺えます。いじめられた子どもが，自分の対処能力を低く評価し，自尊心を低め，信頼できる関係など誰とも築けないといった歪んだ認知を持ってしまうことは起こりうるでしょう。

4. いじめの長期的影響

　小・中・高時代のいじめ被害経験を大学生に回顧させたいじめ被害の長期的な影響を調べた研究が幾つかありますが，坂西（1995）は，いじめの苦痛の大小によって，影響が異なることを示しています。すなわち，体調不良，自信喪失，活動意欲の喪失，人の態度への過敏，抑うつ性，つきあいの消極化などが苦痛の大きさと比例するような傾向がみられました。奥村ら（1987）のグループは大学生が過去のいじめをどう思っているかと問い，45％はもはや肯定的，中立的に捉え克服しているが，未だに怒りを持っている者が12％，思い出したくない，辛かったと思っている者が約10％いることを報告しています。私たちも，大学生140名に小，中学校時代の記憶で，今思い出しても苦痛なものを3つまで書くように教示し，その時期，内容，苦痛の程度（5段階評定）を書かせました。5段階で4以上のもの209のうち，いじめの被害のものが22％を占めており，親・教師による叱責の20.6％を押さえて1位でした（市井，1999）。立花（1990）はある大学病院に，通院，入院していた思春期の患者のうち，発病の契機が「いじめられ体験」が強く影響していると思われる症例25例を比較検討し，いじめられ体験に引き続いてすぐ症状が出現するとは限らないこと，また「いじめられ体験」の消失が症状の消失にすぐにつながらないことを報告しています。また，外見上軽微に見える「いじめられ体験」でさえも，子どもにとってはPTSD級の深い心の傷を与える可能性も指摘しています。

　小，中学生の頃は家族関係から同年代の友人関係へと世界を拡げていく時期です。この時期に友人関係の中で緊密な信頼関係を学べないとすると，その後の対人関係に多大な影響を与えることは想像に難くありません。

　こうしたことから，いじめの被害によって，「私はずっとひとりぼっちだ」「私は誰からも好かれない」「ずっと拒否され続ける」「私はダメな奴だ」「私には状況を変える力がない」といった内的で普遍的，永続的な帰属がなされると，その後の自尊心の発達にも大きな影響を与えることとなります。「友人など信頼してはいけない」「本当の自分を出すとバカをみる」といった歪んだ認知も対人関係を阻害し，孤立感を高めることが予測できます。

　最近発表された，虐待やいじめが精神疾患に与える影響を調べた調査（Lereya, et al., 2015）で，イギリス（4,026人）とアメリカ（1,420人）の長期的な縦断的データを統合しています。英国では，生後8週から9歳頃までの虐待を親のアンケートから調べ，さらに8，10，13歳時点のいじめを子どものインタビューから調べました。米国では，9〜16歳の間毎年親子にインタビューして虐待といじめを調べました。

　英国データでは，虐待もいじめも受けなかった子どもと比べて，虐待のみを受けた子どもは，成人後うつ病になるリスクが高いものでした。米国データでは，虐待のみを受けた子どもは特に精神障害のリスクが高くなりませんでした。

　しかし，どちらのデータでも，虐待といじめの両方を受けた子どもは，全体的な精神障害，不安，うつ病のリスクが高く，英国のデータでは自傷リスクも高くなりました。

　どちらのデータでも，いじめだけを受けた子どもは，虐待だけを受けた子どもより精神障害のリスクが高く，米国では不安，英国ではうつ病と自傷のリスクが高くなりました。

　子ども時代のいじめは，虐待より悪い長期の影響を及ぼすという驚くべき結果が出ています。

われわれはいじめの影響を過小評価してはいけないでしょう。

5. PTSD

次は，PTSDについてお話していきます。DSM-5では，A基準（表8-1）で，まず，このような状況にさらされたというストレッサーについて言及します。致死性の出来事を自身が経験。他人を直接目撃。親しい親族，親しい友人に起こった出来事が，現実の死，もしくは死の怖れが，暴力的か，不慮であったことがわかった。これは，直接の目撃に言及していません。後からでも，その場面をありありとイメージしてしまうのです。

死の嫌悪的な詳細に，くりかえし，もしくは極端に曝された（たとえば，死体の部分を集める第一反応者，児童虐待の詳細に繰り返し曝された警察官）。これは，電子メディア，テレビ，映画，写真を通してのものには当てはまらないが，仕事関連の場合には例外であると，されています。東日本大震災でも，放映できないような酷い死体の映像を編集でカットしていた人たちがいます。

B～E（表8-2～表8-5）は，症状です。Bは，再体験症状，侵入思考，夢，フラッシュバック，心理的苦痛，生理学的反応など。Cは，持続的回避。IV-TRの回避と麻痺が，5では，CとDに分かれた形です。Dは，認知と気分の否定的変容と言われていますが，想起不能，否定的認知，自責や他責，恐怖，戦慄，罪悪感，恥，興味の減退，他者からの解離，疎隔感，肯定的な感情を経験できないなどとなっています。Eは，過覚醒で，怒り，自己破壊的行動，警戒，驚愕，集中困難，睡眠障害などです。

表8-1 心的外傷後ストレス障害（PTSD）の診断基準A

不安障害の1つ DSM-IV-TR, 2000	心的外傷およびストレス因関連障害の1つ DSM-5, 2013
その人は，以下の2つが共に認められる外傷的な事件に曝露されたことがある。 1. 実際にまたは危うく死ぬまたは重傷を負うような出来事を，一度または数度，あるいは自分または他人の身体の保全に迫る危険を，その人が体験し，目撃し，または直面した。 2. その人の反応は強い恐怖，無力感または戦慄に関するものである。 注：子どもの場合はむしろ，まとまりのないまたは興奮した行動によって表現されることがある。	実際にまたは危うく死ぬ，重傷を負う，性的暴力を受ける出来事への，以下のいずれか1つ（またはそれ以上）の形による曝露： 1. 心的外傷的出来事を直接体験する。 2. 他人に起こった出来事を直に目撃する。 3. 近親者または親しい友人に起こった心的外傷的出来事を耳にする。家族または友人が実際に死んだ出来事または危うく死にそうになった出来事の場合，それは暴力的なものまたは偶発的なものでなくてはならない。 4. 心的外傷的出来事の強い不快感をいだく細部に，繰り返しまたは極端に曝露される体験をする（例：遺体を収集する緊急対応要員，児童虐待の詳細に繰り返し曝露される警官）。 注：基準A4は，仕事に関するものでない限り，電子媒体，テレビ，映像，または写真による曝露には適用されない。

表8-2 心的外傷後ストレス障害(PTSD)の診断基準B

DSM-IV-TR, 2000	DSM-5, 2013
外傷的な出来事が,以下の1つ（またはそれ以上）の形で再体験され続けている。	心的外傷的出来事の後に始まる,その心的外傷的出来事に関連した,以下のいずれか1つ（またはそれ以上）の侵入症状の存在:
1. 出来事の反復的,侵入的,かつ苦痛な想起で,それは心像,思考,または知覚を含む。 注：小さい子どもの場合,外傷の主題または側面を表現する遊びを繰り返すことがある。	1. 心的外傷的出来事の反復的,不随意的,および侵入的で苦痛な記憶。 注：6歳を超える子どもの場合,心的外傷的出来事の主題または側面が表現された遊びを繰り返すことがある。
2. 出来事についての反復的で苦痛な夢。 注：子どもの場合は,はっきりとした内容のない恐ろしい夢であることがある。	2. 夢の内容と情動またはそのいずれかが心的外傷的出来事に関連している,反復的で苦痛な夢。 注：子どもの場合,内容がはっきりしない恐ろしい夢のことがある。
3. 外傷的な出来事が再び起こっているかのように行動したり,感じたりする（その体験を再体験する感覚や,錯覚,幻覚,および解離性フラッシュバックのエピソードを含む,また,覚醒時または中毒時に起こるものを含む） 注：小さい子どもの場合,外傷特異的な再演が行われることがある。	3. 心的外傷的出来事が再び起こっているように感じる,またはそのように行動する解離症状（例：フラッシュバック）（このような反応は1つの連続体として生じ,非常に極端な場合は現実の状況への認識を完全に喪失するという形で現れる）。 注：子どもの場合,心的外傷に特異的な再演が再び遊びの中で起こることがある。
4. 外傷的な出来事の1つの側面を象徴し,または類似してる内的または外的きっかけに曝露された場合に生じる,強い心理的苦痛。	4. 心的外傷的出来事の側面を象徴するまたはそれに類似する,内的または外的なきっかけに曝露された際の強烈なまたは遷延する心理的苦痛。
5. 外傷的出来事の1つの側面を象徴し,または類似している内的または外的きっかけに曝露された場合の生理学的反応性。	5. 心的外傷的出来事の側面を象徴するまたはそれに類似する,内的または外的なきっかけに対する顕著な生理学的反応。

表8-3 心的外傷後ストレス障害(PTSD)の診断基準C

DSM-IV-TR, 2000	DSM-5, 2013
以下の3つ（またはそれ以上）によって示される,（外傷以前には存在していなかった）外傷と関連した刺激の持続的回避と,全般的反応性の麻痺	心的外傷的出来事に関連する刺激の持続的回避。心的外傷的出来事の後に始まり,以下のいずれか1つまたは両方で示される。
1. 外傷と関連した思考,感情,または会話を回避しようとする努力。	1. 心的外傷的出来事についての,または密接に関連する苦痛な記憶,思考,または感情の回避,または回避しようとする努力。
2. 外傷を想起させる活動,場所,または人物を避けようとする努力。	2. 心的外傷的出来事についての,または密接に関連する苦痛な記憶,思考,または感情を呼び起こすことに結びつくもの（人,場所,会話,行動,物,状況）の回避,または回避しようとする努力。

表8-4　心的外傷後ストレス障害(PTSD)の診断基準C (IV-TR) vs D (5)

DSM-IV-TR, 2000　C	DSM-5, 2013　D
3. 外傷の重要な側面の想起不能。 4. 重要な活動への関心または参加の著しい減退。 5. 他の人から孤立している、または疎遠になっているという感覚。 6. 感情の範囲の縮小（例：愛の感情を持つことができない）。 7. 未来が短縮した感覚（例：仕事，結婚，子供，または正常な一生を期待しない）。	心的外傷的出来事に関連した認知と気分の陰性の変化，心的外傷的出来事の後に発現または悪化し，以下のいずれか2つ（またはそれ以上）で示される。 1. 心的外傷的出来事の重要な側面の想起不能（通常は解離性健忘によるものであり，頭部外傷やアルコール，または薬物など他の要因によるものではない）。 2. 自分自身や他者，世界に対する持続的で過剰に否定的な信念や予想（例：「私が悪い」，「誰も信用できない」，「世界は徹底的に危険だ」，「私の全神経系は永久に破壊された」）。 3. 自分自身や他者への非難につながる，心的外傷的出来事の原因や結果についての持続的でゆがんだ認識。 4. 持続的な陰性の感情状態（例：恐怖，戦慄，怒り，罪悪感，または恥）。 5. 重要な活動への関心または参加の著しい減退。 6. 他者から孤立している，または疎遠になっている感覚。 7. 陽性の情動を体験することが持続的にできないこと（例：幸福や満足，愛情を感じることができないこと）。

表8-5　心的外傷後ストレス障害(PTSD)の診断基準D (IV-TR) vs E (5)

DSM-IV-TR, 2000　D	DSM-5, 2013　E
（外傷以前には存在していなかった）持続的な覚醒亢進状態で，以下の2つ（またはそれ以上）によって示される。 1. 入眠または睡眠維持の困難 2. 易刺激性または怒りの爆発 3. 集中困難 4. 過度の警戒心 5. 過剰な驚愕反応	心的外傷的出来事と関連した，覚醒度と反応性の著しい変化。心的外傷的出来事の後に発現または悪化し，以下のいずれか2つ（またはそれ以上）で示される。 1. 人や物に対する言語的または肉体的な攻撃性で通常示される，（ほとんど挑発なしでの）いらだたしさと激しい怒り。 2. 無謀なまたは自己破壊的な行動。 3. 過度の警戒心。 4. 過剰な驚愕反応。 5. 集中困難。 6. 睡眠障害（例：入眠や睡眠維持の困難，または浅い眠り）。

表8-6　PTSDの罹患率
(National Comorbidity Study of PTSD, Kessler, 1995)

- 5877人の調査
- 外傷的な出来事の経験, 生涯経験率
  - 男性（戦闘, 死, 受傷の目撃）60%
  - 女性（レイプ, 性被害）50%
  - 大半は2つ以上を経験
- PTSDの罹患率
  - 一般人口：男性5%, 女性10%
  - 外傷経験者, 男性8%, 女性20%
  - PTSDと他の精神疾患との合併は高い
  - PTSDの1/3は多年後でも回復しない

表8-7　日本でのPTSD罹患率
(川上ら, 2005)

- 中国・九州地方の3県4市町村の20歳以上住民からの無作為抽出サンプルに対する大規模な面接調査を実施。
- 1664名の回答（平均回収率56%）。
- DSM-ⅣのPTSD
  - 生涯有病率：男性0.4%, 女性1.6%, 平均1.1%
  - 12カ月有病率：男性0.1%, 女性0.5%, 平均0.4%
- 若年者層と中年者層で2つのピーク（20-34歳, 55-64歳）
  →養育期の出来事, 成人してからの出来事（例えばDV）の関与の可能性

　PTSDの罹患率に関してのデータについて述べます。先程も触れたケスラー（Kessler, 1995）の研究（表8-6）では，アメリカでは，男性の6割，女性の5割が生涯に外傷的出来事を経験します。しかし，PTSDの罹患率となると，一般人口で，男性の5%，女性の10%。また，外傷経験者の中では，男性の8%，女性の20%となります。

　日本ではどうか？　川上ら（2005）の研究（表8-7）では，生涯有病率は男性で0.4%，女性で1.6%と一桁低いですね。これは，日本がより安全な国であることが要因であろうと思いますが，もしかしたら，より文化的な要因として，感情をあまり表現しないことなども関連しているのかもしれません。身体的な表出，たとえば，心臓血管系，呼吸器系，内臓系の疾患，皮膚疾患として表れるのかもしれないと思います。

　PTSDスキーマ理論についても少し触れておきます。ホロヴィッツ（Horowitz, 1986）は，ヒトはトラウマ関連情報と「古い情報に基づく内的モデル」を一致させようという基本的欲求を持

ち，一致に達するまで，それぞれの情報の改訂を行うと述べています。それを，完遂する傾向が再体験（侵入）症状として現れるわけです。また，エプスタイン（Epstein, 1985, 1991）は，人格の本質は，本人が構成する自己と世界についての理論である。トラウマ体験後に変容する4つの中核信念として，世界の安全性，世界の意味，自己の価値，他者への信頼があると言っています。ジャノフ-ブルマン（Janoff-Bulman, 1992）は，われわれは，「世界は善意あるもので，意味があり，自己は価値があるもの＝①」という考えを持っているが，トラウマ体験（＝②）は①を粉々に破壊してしまうので，同化（②を①に取り入れる）としては，レイプ被害者が「暴行の責任は自己の行動のせい」と考えることで，①を維持しようとする。これは，自責に傾くわけです。もしくは，調整（①を②に合わせる）として，「世界は無慈悲なもの」と考え，そもそもの①が間違っていたとして，現実を受け入れようとする。これは，引きこもったり，猜疑心がつよくなったりするわけです。マッキャンとパールマン（McCan & Pearlman, 1990）は，①参照枠，②安全性，③自己と他者への依存／信頼，④力，⑤価値，⑥親密さ，⑦独立性という7つの側面を上げ，これらすべてが，もしくは一部が，トラウマにより崩壊されると述べています。レシックとシュニック（Resick & Schnicke, 1993）は，トラウマ後の精神病理は，トラウマ関連情報の同化の失敗，または，過剰調節であり，認知処理療法により，スキーマの崩壊の修正が行えると述べています。

第9講　EMDRの原理

　EMDR（Eye Movement Desensitization and Reprocessing）は眼球運動による脱感作と再処理法と訳されていますが，水平方向の眼球運動や音刺激，触覚刺激など両側性の刺激を用いて，苦痛な感情を和らげる方法です。初めは，EMD（眼球運動による脱感作法）として始まったのですが，開発の途上で，脱感作よりも，再処理（＝情報処理過程に再度乗せる）という部分がより重要と考えられるようになりました。しかし，すでに，EMDとして名前が広く知られるようになっていたので，最後にRを付け足すような形でEMDRと名前がついています。しかし，創始者であるシャピロは可能ならば再処理療法と名前を付け替えたいとまで言っています。
　2013年にはNHKのテレビ（表9-1）で取り上げられたので，注目度があがりました。学会のHPへのアクセス数（図9-1）も放映に関連して大きく伸びました。
　さて，先ほど，情報処理過程に再度乗せると言ったのですが，これは，われわれの脳がそもそも持っている記憶の処理過程があって，それが完遂されずに途中で一旦滞った状態が言わば病理の状態，そして，それが再び処理過程が再開されることで治っていくと考えます。
　われわれが自分に自信をもったり，失ったりするのは，記憶によるところが大きいと考えます。

表9-1　2013年のNHKでの放映（EMDRの紹介）

■ ETV特集「トラウマからの解放」9-10月，23:00-23:56（再放送3回）
　・インタビュー
　　van der Kolk PhD　　PTSDの特徴について
　　Francine Shapiro PhD　　EMDRのモデル，脳科学
　　Debra Wessellman PhD　　子どもの治療
　・日本人臨床家の実践
　　仁木啓介　精神科医　犯罪被害者遺族（娘を亡くした父）
　　市井雅哉　臨床心理士　父からの虐待サバイバー
　　大塚美菜子　臨床心理士　性虐待サバイバー
■ クローズアップ現代「トラウマ治療の最前線」12月 19:30-19:56
　　コメント　杉山登志郎　浜松医科大　精神科医
　　市井雅哉　臨床心理士　父からの虐待サバイバー

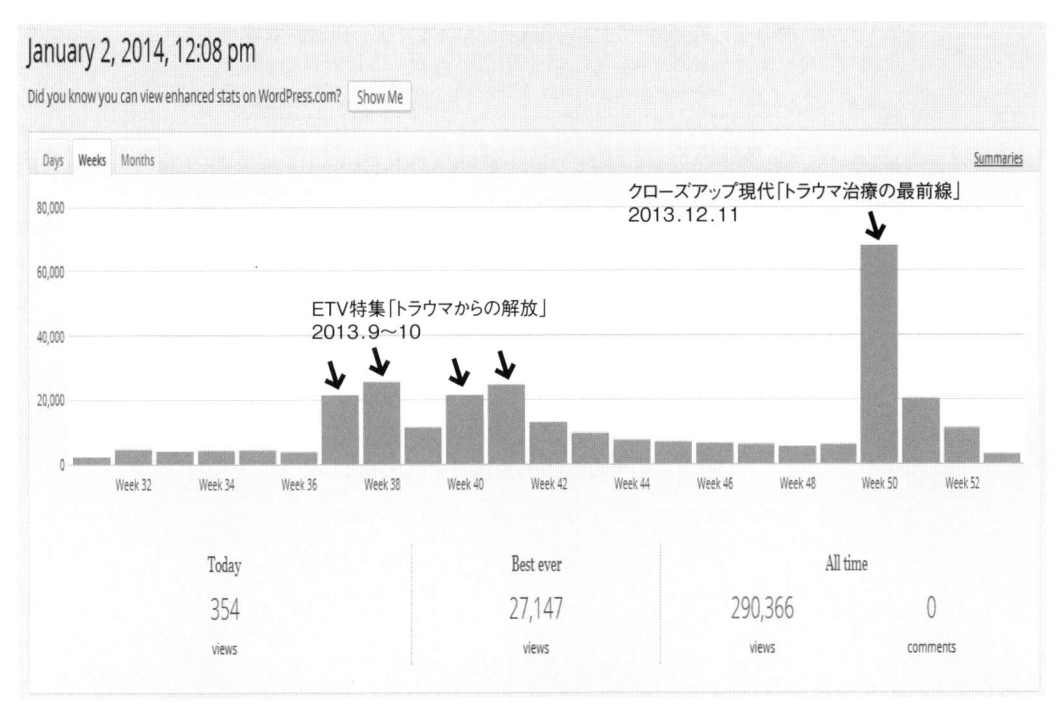

図9-1　TV放送後の日本EMDR学会HPアクセス数

　すなわち，自信は，成功体験の積み重ねによりできています。ここで言う成功体験というのは，大人になってからの試験の合格とか，出世とか，試合での勝利，結婚などのみを指しているわけではありません。われわれがほとんど憶えていない養育初期の愛された，なでられた，抱きしめられたというような体験も含んでいます。
　一方，抑うつだったり，自信喪失は，失敗体験の積み重ねによるでしょう。試験に受からない，仕事をクビになる，会社の倒産，離婚などの他にも，認められなかった，拒否された，無視された，殴られた，さげすまれたというようなさまざまな否定的体験を含んでいます。養育初期に愛情がもらえなかった経験は虐待と言えるのかもしれません。トラウマの中には，衝撃が大きくて，1回きりの体験でも，大きく自信を損なうものもあります。
　さて，一般的な記憶の話ですが，われわれ人間は嫌な出来事を経験すると，イライラ，うつうつ，不安になったりします。これは，脳の左右差（ラテラリティ）で言えば，右脳が賦活した状態と言えるかもしれません。たとえば，仕事で上司に怒られたでも，恋人に振られたでも，自動車事故を起こしたでもいいのです。
　われわれの脳は，こうした経験をしたときに，それをただそのまま記憶にしっかりと留めておこうというふうには働きません。経験した直後からすぐにその体験に対して働きかけを始めます。収まりのいいところに収めるために，たとえば，原因を考えます，対処を考えます，教訓を得ようとします。これは，先ほどの脳のことで言えば，左脳が賦活した状態と言えるでしょう。そのためには，自分で繰り返し，状況や経緯を考え，夢に見，日記に書く人もいるし，人に聞いてもらったりもしますね。こうして何度もアクセスをかけて，どうにか出来事を収まりのいい形へと動かそうとします。なぜ，失敗したのか？　自分が悪いのか？　相手が悪いのか？　不

表9-2 複雑性PTSDが辺縁系に与える神経心理学的影響
(Bremmer et at., 1995; Stein et al., 1994; Gurvitz, Shenton & Pitman, 1995, van der Kolk, 1996.)

> ■扁桃体：過剰な活性が生むもの
> ・闘争，逃走ストレスホルモン
> ・刺激分化の崩壊
> ■海馬の制止と委縮が生むもの
> ・注意，記憶，同一性の問題
> ・短期記憶の障害——詳細や意思が十分な長さ保持できなくて，長期記憶を形成できない。
> ・刺激に対する行動的脱制止と反応過剰
> ・記憶の空間 - 時間地図への結合の弱さ
> ・記憶の他の記憶へのカテゴライズする力の弱さ

可抗力か？ 運が悪かったのか？ 避ける方法はあったのか？ 同じ過ちを犯さない方法があるのか？ 何か得るものはあったのか？

　それが，成功すれば，適応的な解決（収まった状態）へ至ります。これは，思い出しても平静でいられる，忘れることも可能という状態で，自分の人生において何らかの意味が見いだせるようになったりもします。「長い人生こんなこともあるわ」「これもいい勉強だ」「ああいう人にはもっと礼儀を尽くさないとダメなんだ」「自分の考え方がまだまだ甘いということだ」「夜の運転はもっと慎重にならないとダメだ」「自分にはまだ女ゴゴロはわからない」などさまざまな教訓を得て，その出来事を終わったことにできるかもしれません。

　このように導いていく過程を適応的情報処理過程と呼び，われわれの脳が本来備えている処理能力と考えます。これが適切に働いている限り，病気になりませんし，治療も EMDR も必要ありません。

　しかし，この過程がどこかで滞り，いつまでもモヤモヤと残り続けている状態を適応不全状態，病理と捉えます。もっと激しく頻回に鮮明なフラッシュバックを起こしている状態もあり得ます。脳の過剰な興奮（表9-2）により，通常の処理が起こらないのかもしれません。

　ブレムナーら（Bremner et al., 1995），シュテインら（Stein et al., 1994），ガルヴィッツら（Gurvitz, Shenton & Pitman, 1995），ヴァン・デア・コーク（van der Kolk, 1996）によれば，扁桃体において，過剰な活性により，闘争，逃走ストレスホルモンが生まれ，刺激分化の崩壊が起こります。また，海馬の制止と委縮が起これば，注意，記憶，同一性の問題，短期記憶の障害として，詳細や意思が十分な長さ保持できなくて，長期記憶を形成できない。刺激に対する行動的脱制止と反応過剰が起こる。記憶の空間 - 時間地図への結合の弱さが生じる。記憶の他の記憶へのカテゴライズする力の弱さが生じるなどが指摘されています。

　ヴァン・デア・コーク（図9-2）は，覚醒水準が高まると，意識範囲が狭まることを報告しています。トラウマ記憶は感覚的，断片的になり，長い時間の流れの中で捉えるようなことができ

記憶の刷り込み

感覚的 and 断片的 → 概略的 and 分類的

日常的経験　　興奮　　フラッシュバルブ　　外傷

アイデンティティ

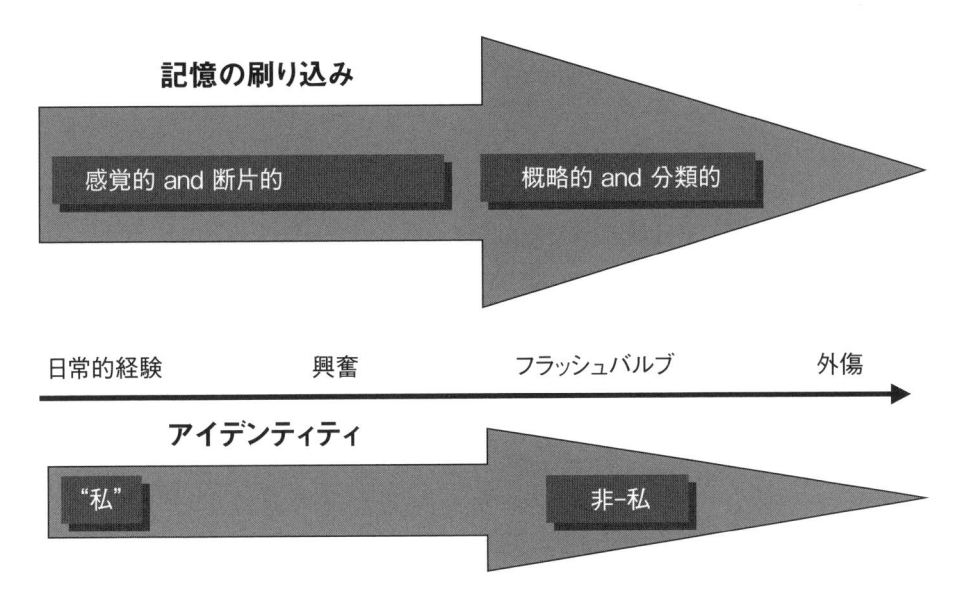

"私" → 非-私

図9-2　覚醒度が上がるにつれ，意識が狭まる
（van der Kolk, 2004）

ず，意味を捉えることができにくくなります。自分というアイデンティティも保てなくなります。

　EMDRという治療においては，われわれの注意がどうなっているか見てみましょう。二重注意という言葉を使っていますが，EMDRにおいては，過去と今，過去の記憶と現在の感覚，内的なイメージと視覚刺激に注意を分割しています。

　たとえば，トラウマを経験する前（図9-3）のわれわれの注意は，やはり，過去と今を両方意識しながら活動しています。たとえば，講義を行う私は，このスライドで話すべき事柄を過去記憶の中から引っ張り出します。一方で，みなさんの聞いている様子もモニターして，講義自体がそれなりにスムーズに進んでいるか，部屋の温度や明るさ，外からの騒音や，皆さんの興味をちゃんと引けているかなどを気にしています。それらを全部この前頭前野にある，作業机（＝ワーキングメモリー）に広げている状態で講義をしているわけです。

　もし，ここで，トラウマが起こった（図9-4）とします。突然，凄まじい轟音とともに，建物が大きく揺れ，天井も，壁も崩れていくとします。叫び声と，血と，逃げ惑う人々，そうすると，大地震なのか，テロリストの爆弾テロなのか，はたまたどこかの国のミサイル攻撃か，ともかく，安全なところへ逃げ出したいのです。過去を探っても同じような経験はありませんから，ともかく，比較的危険でなさそうな方向はどちらなのか，注意深く，音や，サインを探します。このように，今ここに集中します。

　さて，トラウマが終わって（図9-5），日常に戻りました。いつものように，カウンセリングのセッションを行うために面接室に戻って，目の前には毎週会うクライエントが座っていて，この1週間の話をしています。しかし，私の頭の中では，あの日の講義室で起こった悲惨な光景が頭から離れません。頭の中の作業机の上には，置きたくもないのですが，辺り一面にあの日の光景が広がっています。侵入思考の状態ですね。

　それは，大変辛いことですから，どうにか，その光景に注意を向けないように努力をします。

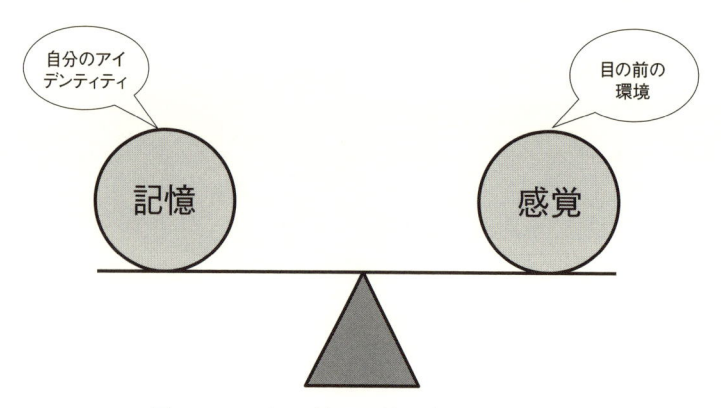

図9-3　トラウマが起こる前の意識のバランス

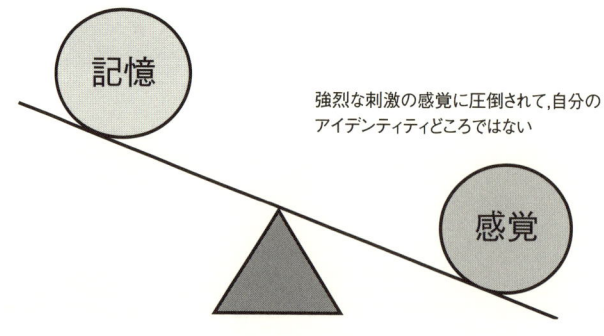

（記憶：自分のアイデンティティ／感覚：目の前の環境）

図9-4　トラウマの最中の意識のバランス

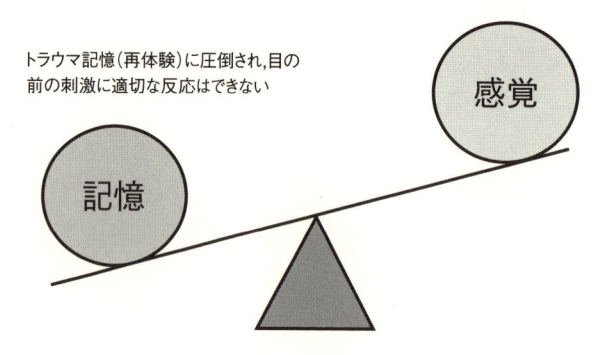

強烈な刺激の感覚に圧倒されて，自分のアイデンティティどころではない

図9-5　トラウマ後の意識のバランス

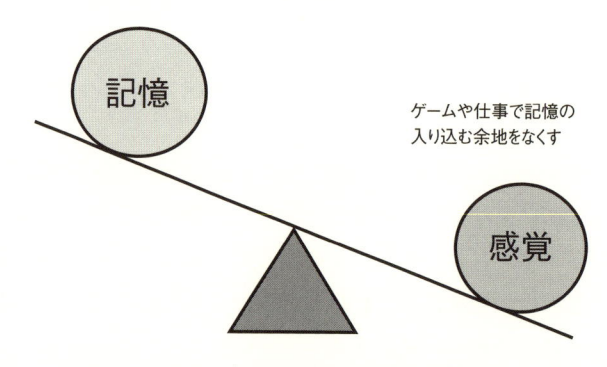

トラウマ記憶（再体験）に圧倒され，目の前の刺激に適切な反応はできない

図9-6　対処として気を紛らわす活動に従事

ゲームや仕事で記憶の入り込む余地をなくす

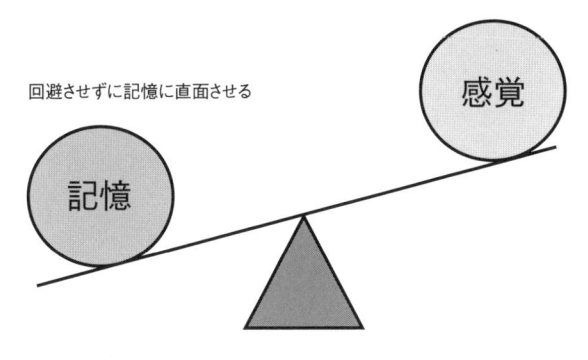

図9-7　治療としての暴露

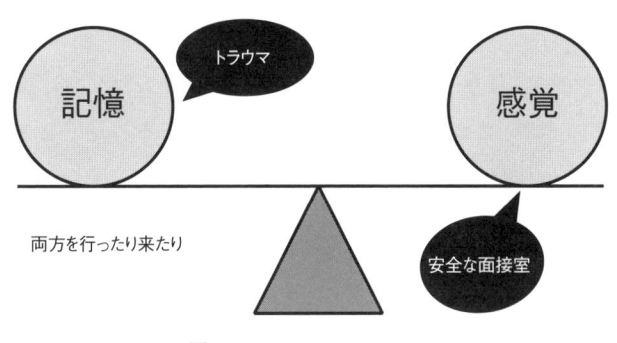

図9-8　EMDR

仕事，パチンコ，ゲーム，なんでもいいので，今を忙しくして，過去が入り込まないように対処（図9-6）を試みたりするでしょう。回避の状態です。

　さて，治療（図9-7）としては，たとえば，暴露療法という治療がありますね。これは，回避をさせずに，過去にどっぷり入りましょうという治療です。われわれの感情は馴化します。慣れます。苦痛の中に留まり続けたら，苦痛の程度は最強のまま経過せずに，やがて低減していくという原理を使います。ですから，短い時間では意味がありません。40〜60分位は留まり続ける必要があります。古典的条件づけの消去の手続きです。かなりガッツのいる治療法だと想像できますね。これは，当然のことながら，カウンセラー側にもなかなかストレスがかかるわけです。

　EMDR（図9-8）はちょっと違います。両方に注意を向けます。過去を意識しつつも，眼球運動をして，1回の眼球運動は25〜30往復程度（これを1セットと数えます），スピードはどうにか追えるスピードですから，かなり速いです。20秒程度眼球運動をして，深呼吸します。何が浮かんでいるか問うてから，その答えを意識しつつ次の眼球運動に入ります。これを繰り返していきます。全体としてどのくらいの時間（何セットくらい），眼球運動をするのかは，その都度で違います。わずかに5セットくらいで終わることもありますし，100セットでも終わらないこともあります。面接時間自体が限りがあるでしょうから，途中でも終わる必要があります。

　たとえば，交通事故場面を目撃したケースで考えてみましょう。おじいさんが自動車にひかれる場面を目撃した女子大生です（市井，2001）。始めた場面は，倒れたおじいさんと買い物袋から散乱した野菜や果物です。眼球運動をすると，心配そうに眺めている他の歩行者，駆けつけた

救急隊員，運ばれていくおじいさん，おじいさんが手を動かしていて，死んでいなかったことなどが見えてきます。さらには，次の日に通った時に，散らばったフロントガラスの破片，今朝のバスの前を走る自転車など，この場合は，時間が経過していくように，固まってしまった場面が解けて動き出すかのように場面が展開しました。そして，初めの場面を再び考えても，映像が見えにくくなり，恐怖の感情も浮かばなくなるのです。

変化の仕方は人それぞれなので，ただ，映像が見えにくくなったり，遠ざかったりする人もいますし，自身の身体感覚が楽になっていくだけの人もいます。

眼球運動を加えると，こうした変化が自然に起こるわけです。肯定的な方向への変化が起こり，それ以上の変化が起こらなくなると，元の場面に戻り，そこに眼球運動をさらに加えても何ら変化が起こらなくなれば，苦痛度を確認します。苦痛がなくなるまで続けます。

なぜ EMDR が効くのかの議論の中で，EMDR も暴露のメカニズムで治り，眼球運動に意味はないという主張がされたりしましたが，でも，暴露のメカニズムでは，一番苦痛なところに留まり続けなければ，馴化は起こりません。EMDR の中でクライエントが経験するような，場面が変化したり，薄れたりすれば，「それは逃避である，回避である」と見なされ，もとの苦痛な場面に即刻戻ることが求められるのです。

リー（Lee, 2006）（図9-9）は，EMDR において，イクスポージャーではなく二重注意刺激が重要なことを示しています。44名の PTSD 患者に EMDR 治療を施し，眼球運動1セットごとの反応を以下の4つにカテゴリー分類しました（$\kappa = .84$）。① Distancing（時間空間的距離），② Reliving（再体験），③ Associated（連想），④ Affect（否定的感情），これら4つと全体としての治療効果である IES（出来事インパクト尺度）の変化（改善）間の相関係数を見ています。その結果，②の再体験との相関は低く，①の時間空間的距離との相関が高いという結果が出てきました。すなわち，EMDR 中に再体験を多く経験した人がよく治っているというようなことはなく，むしろ，出来事と距離を取るような反応が治癒と関連していたということです。

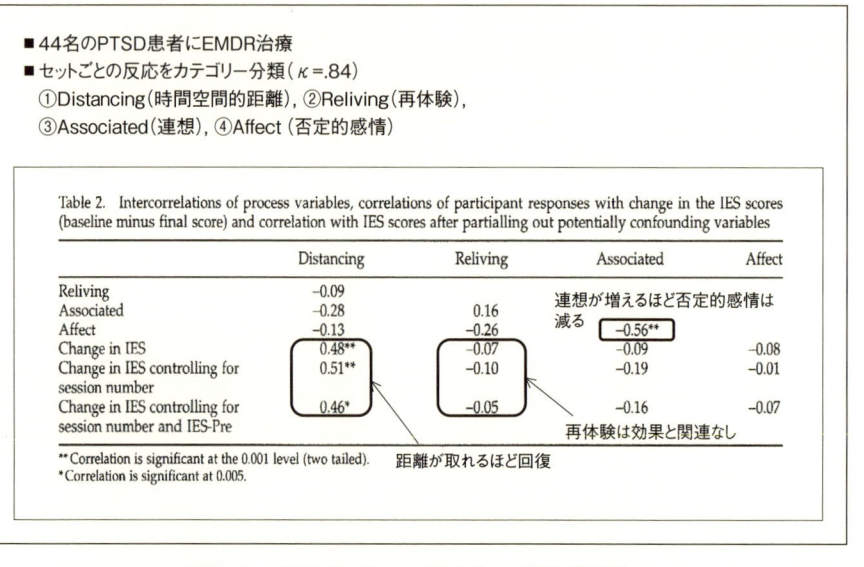

図9-9 イクスポージャーではなく，二重注意刺激
(Lee, 2006)

脳内の記憶ネットワーク（図9-10）のモデルで説明してみます。われわれの脳の中にはさまざまな記憶が蜘蛛の巣のように連なっています。そこには，プラスの記憶，マイナスの記憶，中立的な記憶があるでしょう。プラスの記憶には，自己を肯定する，思い出すと楽しい気分になるような記憶。家族旅行や，充実した部活動，親しい友人や恋人との楽しい記憶。合格や優勝のような達成体験，同僚や上司からの褒め言葉など。おいしい食べ物や，美しい景色，買ってもらったおもちゃなどもあるでしょう。一方，マイナスの記憶では，自己を否定する，思い出すと不快になるような記憶。失敗体験の記憶などがあるかもしれません。病気，事故，いじめ，虐待，不合格，兄弟ゲンカ，DV，ハラスメントなどがあったかもしれません。不快な音や匂いや味，痛みや吐き気などの記憶もあるでしょう。比較的いい愛着関係を持ち，そこそこ成功体験を納めながら，大人になった人が，成人後交通事故に遭う。この場合は，否定的な出来事を加工する力が十分働きうると考えます。すなわち，否定的な出来事が想起された時（図9-11）に，その周辺

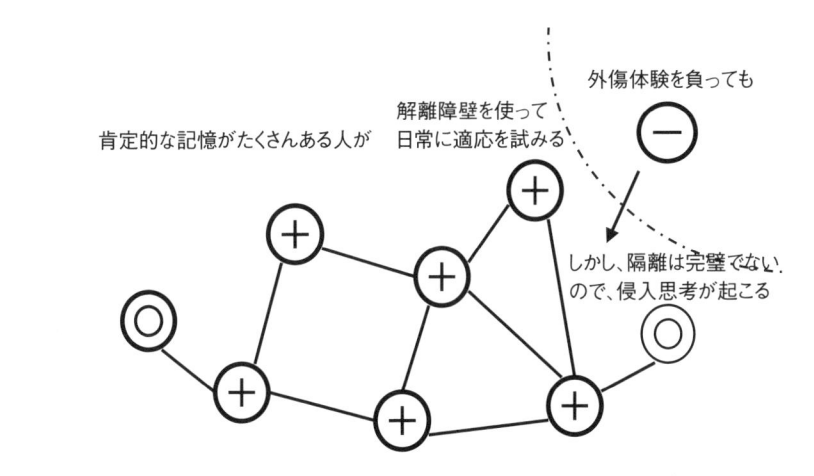

図9-10　肯定的なネットワークと外傷記憶（治療前）

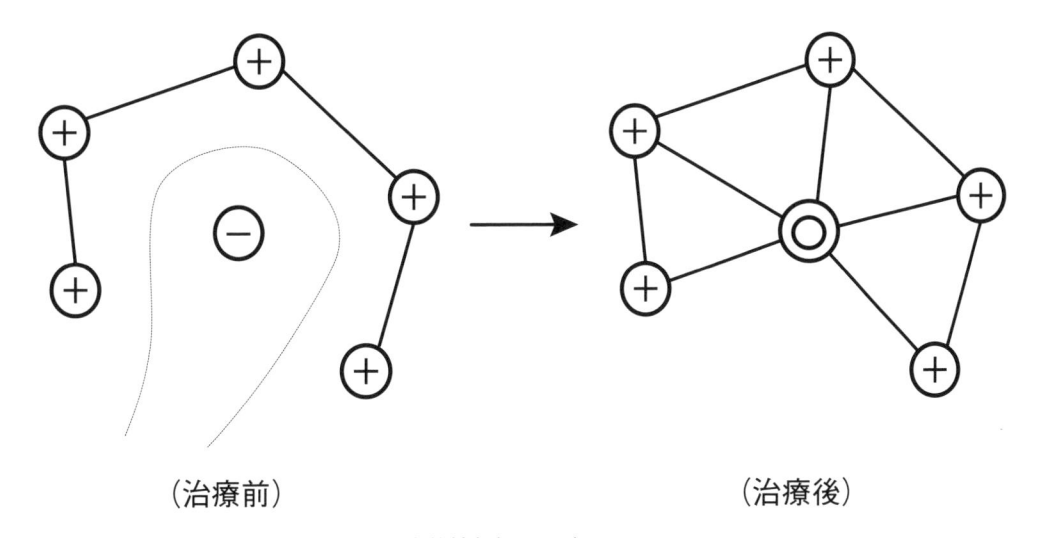

（治療前）　　　　　　　　　　　　（治療後）

図9-11　適応的情報処理モデル

にある肯定的な出来事との連合が働きうるのです。たとえば，小さい時に，自転車で転んでケガをした記憶があっても，母親にケアをされた記憶や，父親が自転車を直してくれた記憶も一緒に思い出せる。他にも，学校で体育の時間に足を骨折しても，入院中に友人が見舞いに来てくれたこと，看護師がやさしかったこと，そして，治って学校に行った時にみんなが寄って来てくれたことなども思い出せます。受験で失敗しても，浪人して合格できた記憶がある。このように，その人の中にある，苦痛を乗り越えた記憶との連結がなされれば，今回の交通事故に関しても回復していける，周囲からのサポートも得られるだろうと見通しを持つことができます。眼球運動の働きとしては，記憶間の連想を活発にすることで，統合の過程が働くと考えることができます。

　しかし，残念ながら，臨床現場でお会いする方の中には，たくさんの否定的な記憶が幼少期から積み重なっている方もいます。成功体験がたくさんある人にとっては，過去を思い出す作業は楽しい作業でしょう。たとえば，同窓会は楽しみで，卒業アルバムを見ることも楽しいかもしれません。しかし，過去にたくさん苦痛がある人（図9-12）にとっては，昔のことは考えたくない，思い出したくない，卒業アルバムなんて，もはやどこへ行ったかわからない，捨てた，燃やした，

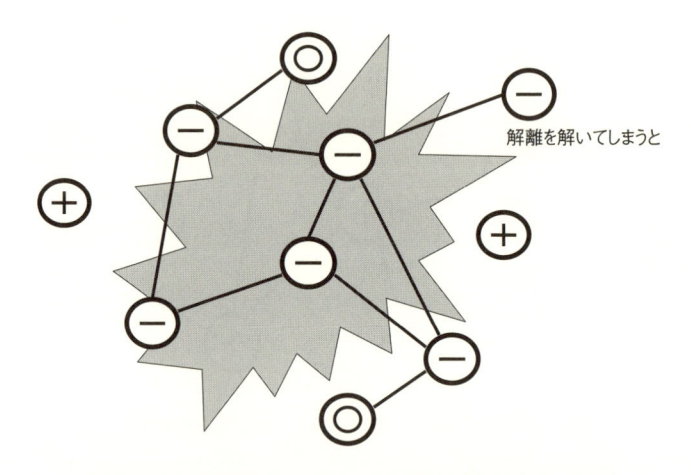

図9-12　否定的なネットワークと外傷記憶（失敗する治療）

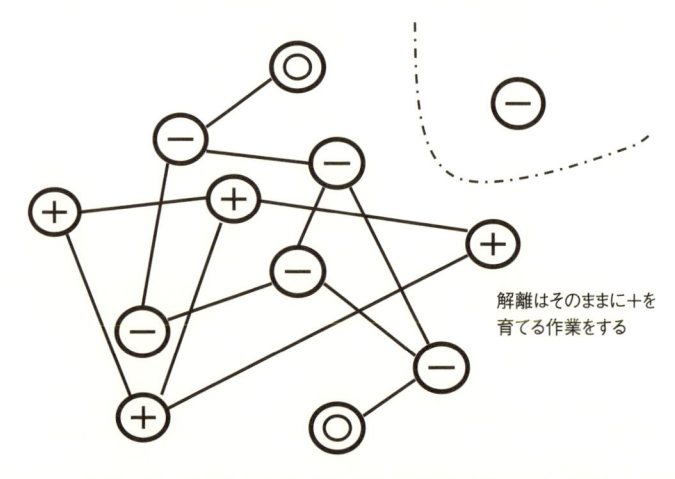

図9-13　否定的なネットワークと外傷記憶（成功する治療）

同窓会など案内が来ること自体が苦痛である，こういう方もいるのです。となると，当然，上記のような楽観的な見通しは持てません。EMDRで，周囲の記憶との連結が起こっても，ますますしんどくなり，下手をすると，どうしてあの交通事故で死ななかったんだろう。死んでたほうがよっぽどよかったじゃないか，となることがあり得ます。交通事故の時に感じた無力感は，職場のパワハラの時にも感じていた，ボーイフレンドからのDVの時にも感じた，そういえば，いじめを受けてた時にも感じていた。私の人生はずっと無力で，ずっと私には価値がなかった。こうなれば，交通事故を治すどころか，かえって，希死念慮を高めてしまうことになります。となると，やるべき作業としては，交通事故に焦点を当てて眼球運動をすることではありません。丁寧に生育歴・病歴聴取をした段階で，EMDRの作業でかえって希死念慮を高めてしまう可能性に気づいたら，交通事故に焦点を当てませんし，その他の否定的な記憶にも当面は焦点を当てられません。安定化の作業のために，肯定的な記憶（図9-13）に焦点を当てる。もしくは，肯定的な記憶を今作っていく必要があります。全体のバランスを少しでも自己肯定に傾かせる。生きていていい，生きる価値がある，良くなる可能性がある，といった前向きな気持が持てるように援助することが大事になります。

　ピエール・ジャネ（表9-3）は外傷後ストレスの3段階治療モデルというのを提唱しており，これは，その後も多くの臨床家や研究者が有効だと参照しています。たとえば，『心的外傷と回復』の著者であるジュディス・ハーマン（Judith Herman）も同じような3段階に言及しています。まず，第1段階が安定化，症状指向治療，外傷記憶の清算の準備です。自殺や他害のリスクを扱い，日々の生活を立て直し，食べられるとか，眠れる，自身の身の回りのケアができる状態を目指します。扱うべき外傷記憶についてある程度整理して行く作業も必要ですが，丁寧に聞き過ぎるとそのことで不安定にしてしまう危険性もあるので，聞き過ぎないで，適当に安定化作業に戻ったりすることが重要です。第2段階が，外傷記憶に焦点を当てて，同定，探索，調整という作業をします。これは，EMDRが最も得意とする段階，記憶の処理段階と言えます。第2段階に進んでも，非常に不安定になることがあったら，第1段階に戻ることもあるでしょう。第3段階が，再発防止，残余症状の解放，人格の再統合，リハビリテーションとありますが，外傷記憶の処理後にも日常生活に適応するために必要な作業はたくさんあります。

表9-3　Janetの外傷後ストレスの3段階治療モデル
（Van der Hart, Brown & van der Kolk, 1989）

第1段階：安定化・症状指向治療・外傷記憶の清算の準備
第2段階：外傷記憶の同定，探索，調整
第3段階：再発防止・残余症状の解放・人格の再統合・リハビリテーション

表9-4　EMDRの8段階

① 生育歴・病歴聴取
② 準備
③ 評価
④ 脱感作
⑤ 植え付け
⑥ ボディ・スキャン
⑦ 終了
⑧ 再評価

　このように，EMDRは，嫌なことを考えて目を動かせば治るというような単純な技法ではありません。丁寧な生育歴・病歴聴取をして，治療計画を綿密に立てる必要があるということを理解していただきたいと思います（表9-4）。③〜⑦の段階が再処理と呼ばれる段階で，記憶の数だけ繰り返されることになります。⑧の再評価段階は次のセッションで振り返り，さらには全体の終結の際にもすべての過去の記憶が扱われ，現在の引き金も処理され，未来の鋳型も適切に植え付けられたかを確認します。EMDRの①，②段階がジャネの第1段階と対応し，これがしっかり行われることが治療が成功する秘訣と言っても過言ではありません。

第10講　EMDRの歴史と評価, メカニズム

さて，EMDRの歴史は1989年に初めて論文が発表されましたので，そんなに長い歴史はありませんが，その治療効果の速さ，大きさから，関心は急速に高まっています。たとえば，文献検索の結果ですが，2つのデータベース（図10-1）でカバーしている雑誌や書籍が含まれているかどうかなどで異なっていますが，PubMEDで30本くらい，Scopusでは50本近い本数が最近では発表されていることがわかります。

日本でのトレーニングは1996年から毎年行われているのですが，初級と上級があって，初級に関しては，これまでに2,000名弱（2014年10月時点）が修了しており，1,300名弱が上級まで修了しています。現在の日本EMDR学会の会員数は1,114名です。世界的に見ると，2004年時点では世界70カ国，40,000人がトレーニングを受けたとされていますが，これはもうかなり古いデータなので，あまり意味がない感じですね。

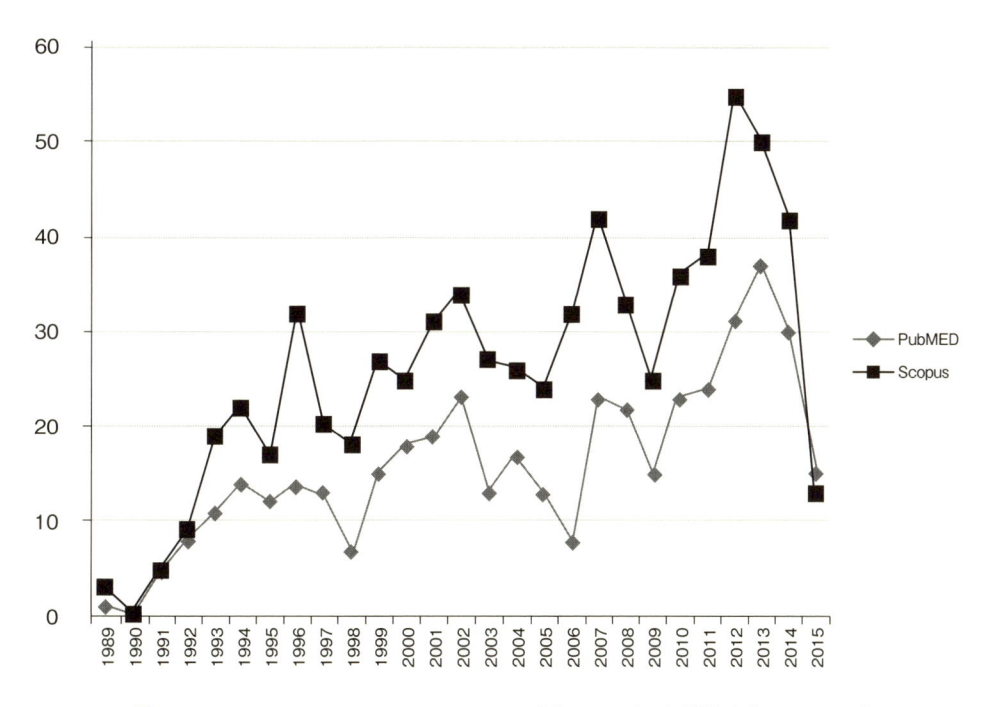

図10-1　Eye movement desensitizationをキーワードで文献検索（2015.5.29）

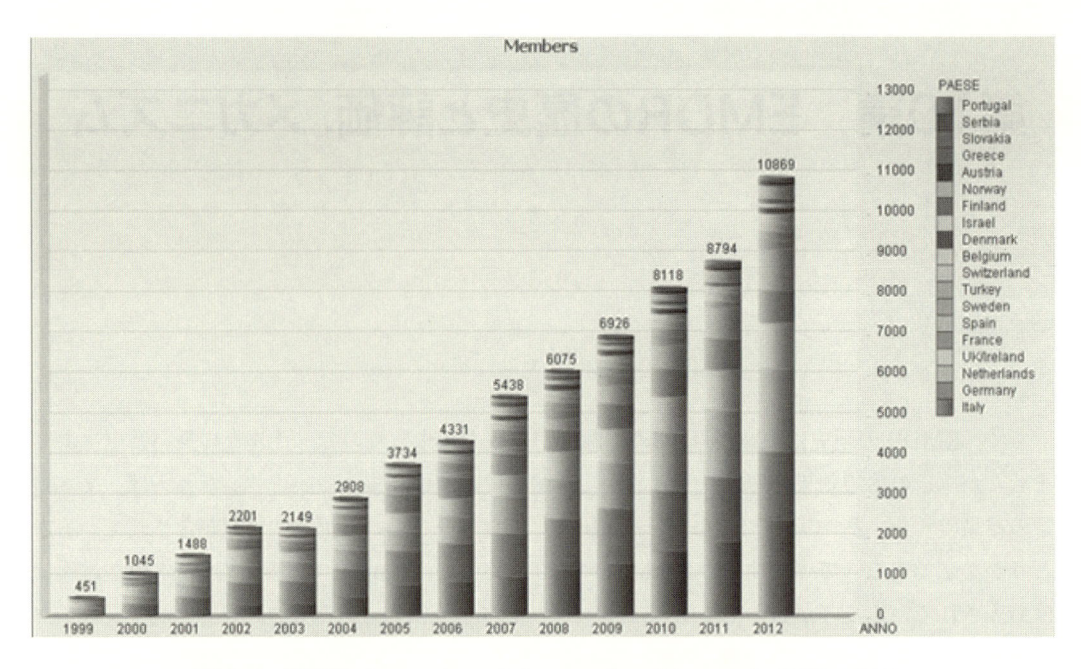

図10-2　EMDR Europe Association member-ship growth 1999–2012

　たとえば，このグラフ（図10-2）はEMDR Europeの会員数のグラフですが，1999年の451名が，2012年に10,869名になっています。すさまじい伸びだとわかりますね。特に，伸びている国としては，イタリア，ドイツ，オランダ，イギリス，フランス，スペインなどです。

　すべての発端になったのが，1989年に発表されたシャピロ（Shapiro）の研究です。1987年にシャピロはこの方法を公園を散歩中に発見したと言われています。もともと，シャピロは心理学者ではありませんでした。英文学の研究者だったのですが，ある日乳がんを宣告されます。幸い早期発見で，無事に処置されたようですが，これをきっかけに生き方を変えます。いかに自分を健康に保つかということに興味が移り，さまざまな心理療法や鍼灸の勉強などもしていたようです。そんなある日に公園でふと気持ちが楽になる瞬間を経験したそうです。そこで，今何をしていたのかと振り返ると目が左右に動いていたということに気づいたそうです。そこで，今度は意図的に嫌なことを考えては目を動かすことをしてみるとなるほど楽になる。これは面白いと思いましたが，自分が特異体質かもしれないと，他の方に試してみたようです。「嫌なこと考えて目を動かしてみて。」初めに発見したのは，そう言われてあまりみんな上手に目を動かせないということです。そこで，「この指を追って」と眼前で指を左右に振るという手続きが開発されました。セミナーに来ていた仲間には，元ベトナム帰還兵のカウンセラーもいたようですが，ベトナムの記憶が楽になる経験をしたようです。そこで，実際にデータを取り始めたわけです。

　クライエントは，22名で，レイプ被害者，ベトナム帰還兵，被性的虐待者など，年齢は11～57歳で平均年齢は37歳。記憶は，1～47年前のもので，全員が何らかの治療を2カ月から25年間受けていました。そんな人たちに，1セッションのみのEMD治療を提供し，3カ月後までのフォローアップデータを取りました。

　ランダムに2群に振り分けました。直ぐに治療を行う治療群と遅延治療群です。従属変数は，SUD（主観的障害単位：0～10）とVOC（認知の妥当性尺度：1～7）です。SUDはその記憶

を思い出した時の苦痛の度合いで，VOCは望ましい肯定的認知を信じられる程度です。たとえば，あるベトナム帰還兵は，ベトナム戦争で思い出すのが，ヘリコプターで運ばれてきた兵士の死体を引きずり下ろす作業の場面でした。思い出しての苦痛は10点満点中の9点，望ましい認知としては，「あれは終わった。もう解放されていい」を信じられる程度は7点中4点でした。EMDでは，そのヘリコプターの場面を繰り返し考えて眼球運動をします。1セットごとに起こる変化としては，記憶から音が消え，次に映像がぼやけ，水の中の絵のように見える。そして，初めてベトナムに来た時の飛行機から見下ろしたジャングル「ジャングルのパラダイスみたいだ」と思ったことを思い出します。1セッションのEMDの後には，SUDがほぼ0まで下がり，それが，1カ月後，3カ月後も維持されます。VOCも7まで上がり，同様に1カ月後，3カ月後も維持されます（研究法の27ページ参照）。

　この結果は大変な驚きを持って受け止められ，一方で大発見ではないかと歓迎され，一方でとんでもない眉唾に違いないと懐疑の目が向けられました。1989年から1991年位までの間に，EMDがEMDRに変化します。EMDが最初の場面を毎セットごとのターゲットにするのに対して，EMDRは出てきた新しい場面にそのまま眼球運動を加えていきます。連想の広がりを許す手続きです。再処理というのは，止まっていた処理過程を再び再開することを意味しています。ある場面に条件づけられた苦痛を脱感作することが本質でなく，記憶全体がダイナミックに捉え直されることだと考えているのです。

　いくつか追試研究がされた5年後の1994年にはレビュー論文が発表されましたが，SUDやVOCが主観的過ぎる尺度だとして，客観性，信頼性の高い尺度や生理指標を取ることなどが推奨されました。しかし，それからも多くの優れた，統制群を設けた研究が発表され，米心理学会（Chambless, et al., 1998），国際トラウマティックストレス学会（Foa, et al., 2000），英国保健省（United Kingdom Department of Health, 2001），イスラエル国立精神衛生会議（Bleich, et al., 2002），オランダ国立議院運営委員会（Hutschemaekers, 2003），北アイルランド保健省（CREST, 2003），スウェーデン・ストックホルム市医療プログラム委員会（Sjöblom, et al., 2003），米国国防省・退役軍人局（Department of Veterans Affairs & Department of Defense, 2004），米精神医学会（American Psychiatric Association, 2004），米国立精神衛生研究所（Therapy Advisor, 2004），フランス国立医学研究所（INSERM, 2004），英国立臨床先進研究所（NICE）（National Collaborating Centre for Mental Health, 2005），豪政府（Forbes, et al., 2007），コクラン・ライブラリー（Bisson, et al., 2013）などがEMDRの有効性を認め，そして，2013年にはWHO（世界保健機関）（World Health Organization, 2013）がPTSDに対しての治療ガイドラインでEMDRを推奨しています。「EMDRは外傷焦点化認知行動療法（CBT）と同様に，児童，思春期，成人のPTSDの治療に推奨される。主観的ストレスを低減し，外傷的な出来事に関する適応的な認知を強める目的は共通している。外傷焦点化CBTとは異なり，EMDRはトラウマ体験の詳細を語る必要はなく，直接的に信念に挑戦したり，トラウマ体験に長時間暴露させることがない」と述べており，第一選択であることを明文化しています。

　さらに，ヴァン・デア・コークら（van der Kolk et al., 2007）（図10-3）は抗うつ剤であるSSRI（選択性セロトニン再取り込み阻害剤）との比較で，EMDRの優位性を示しました。また，治療終結後にさらに，症状が良くなり続ける点も注目に値します。

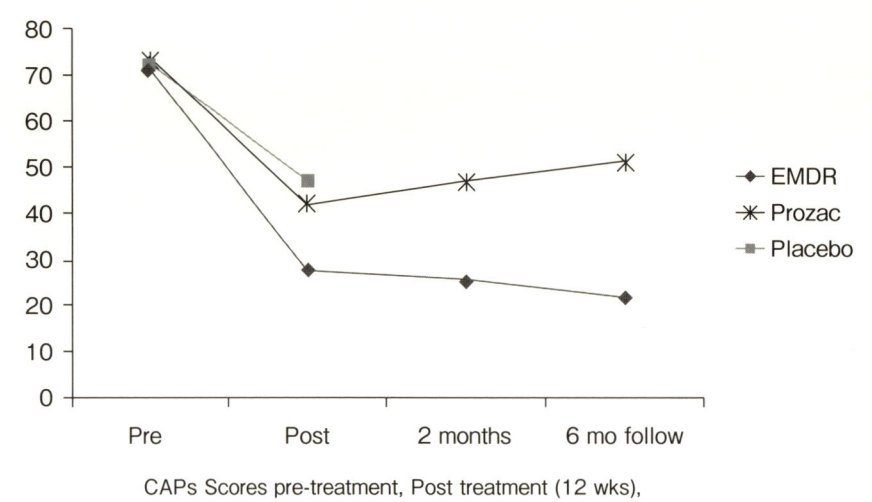

図10-3　EMDR vs. fluoxetine vs. placebo
(van der Kolk, 2007)

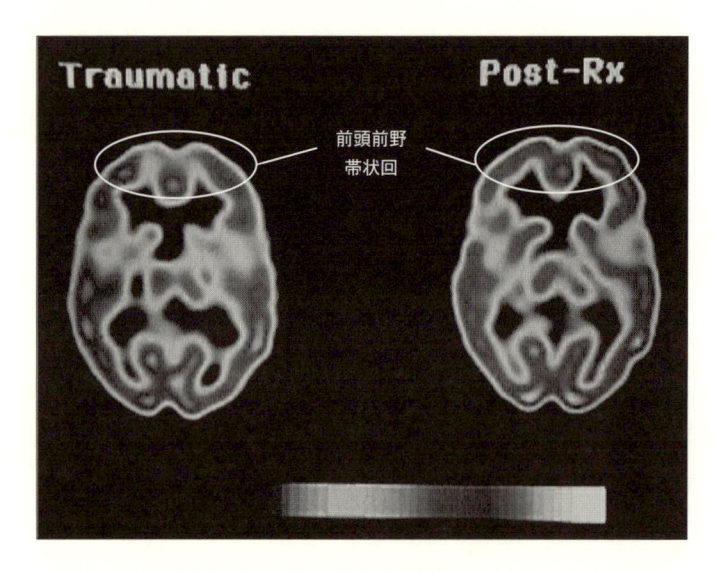

図10-4　脳レベルの血流の変化

　脳レベル（図10-4）での血流の変化でも，その改善が確認されています。レヴィンら（Levin, P., et al., 1999）は，SPECT（Single Photon Emission Computed Tomography）を用いて，PTSD患者6人の3セッションのEMDR治療前後で脳血流を測定しました。心理テストでストレス，PTSD，抑うつに改善が見られ，ロールシャッハ・テストでも環境への警戒時間が減り，自我資源が増加していました。SPECTでは，治療後脳の2つの領域が活性化。前部帯状回と左前頭前野。6名中4名で確認。辺縁系レベルの覚醒は下げないが，代わりに想像上の脅威と現実の区別をつける能力を高めることがわかりました。PTSDのクライエントはフラッシュバックが起こると，それが過去の記憶がただ再現されているだけなんだと冷静に見ることはできません。叫び声を上げて，震え，すくんだり，慌てて逃げようとしたりします。ですから，同じ映像が見

えても，これは，昔のあの場面がただ浮かんでいるだけだと距離を取って考えられたらずっと楽になります。

どうして，眼球運動でこのような素晴らしい効果が得られるのか，そのメカニズムはどうなっているのか知りたいところですね。

ワーキングメモリー仮説（Andrade, et al., 1997; Maxfield, 2004; Gunter & Bodner, 2008）は，眼球運動がワーキングメモリーを妨害することで，トラウマ記憶の情動や映像が薄れるというものです。大脳半球交互作用説は，水平方向の眼球運動により，両半球の活性レベルが揃う，もしくは，左半球を活性化することで情報の処理が行われるというものです（Propper & Christman, 2008）。水平方向の眼球運動，両側性の触覚刺激，聴覚刺激の意味を考えるには，脳の半球の機能差に注目する必要があるでしょう。複雑性PTSDが大脳半球に与える影響について，外傷スクリプトを聞く際に，右半球が高い活性を示す（感覚記憶において）が，ブローカ野は制止される（左側下前頭回）ことがSPECTによりと確認されており，これにより「speechless terror」という現象が説明されます（Rauch et al., 1996）。また，QEEGやMRIを用いて，さまざまな対象で，左右の半球において，抑制がかかることをTeicher（1997）が示しました。初期の身体的虐待，性的虐待，深刻な情緒的ネグレクト（言語的虐待は除く）のサバイバーにおいては，Rauchら（1996）の知見が確認され，右が左を制止することがわかりました。一方，「幸福な記憶」を想起すると，左半球が右半球を制止することがわかりました。また，左右半球をつなぐ脳梁と小脳虫部の両方が虐待とネグレクトのサバイバーで未発達ということがわかっています。こうしたことは大脳半球の交互作用説と符合する傍証と言えるでしょう。

右脳はイメージや感情の脳と言われ，左脳は，言語化したり，分析したりする脳です。PTSDの状態は右脳が働き，左脳は十分に働いていません。左脳が働くことで，出来事について，客観的に語ったり，人生における意味づけができたりします。

これに関連して，REM睡眠（図10-5）との関連（Stickgold, 2002）も言われています。REM

■ REM睡眠との関連（Stickgold, 2002）
・REM断眠で情緒不安定，新しい学習が不能
・REM睡眠が弱い連想，ノンREM睡眠が強い連想と関連

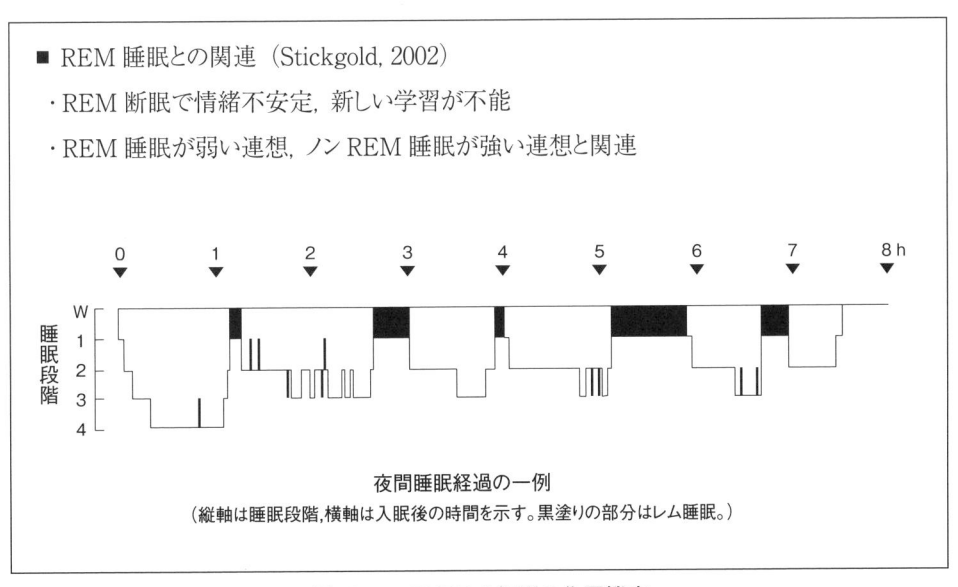

夜間睡眠経過の一例
（縦軸は睡眠段階，横軸は入眠後の時間を示す。黒塗りの部分はレム睡眠。）

図10-5　EMDRの仮説の作用機序

断眠で情緒不安定，新しい学習が不能という現象が観察され，REM 睡眠が弱い連想，ノン REM 睡眠が強い連想と関連ということも指摘されています。REM 睡眠中に，記憶のゴミ捨て作業が行われているとすれば，脳における記憶作業の副作用として目が動く。これを逆に，目を動かすと，脳の記憶作業が行われる。

探索反射モデル（MacCulloch & Feldman, 1996）は，眼球運動による走査が，環境における危険がないことの確認作業となり，覚醒レベルが一時的に上昇し，その後落ち着くことで，脳へ安全が伝わると言われています。前章で紹介したリー（Lee, 2006）も，距離がとれるのは安全感が増すことによる結果だと説明しています。

眼球運動そのものがリラクセーション反応を導くことによる逆制止が働くという説もあります（Wilson, 1996 他）。

これらの仮説のうちの一つが正しいというよりはいくつもの過程が並行的に起こっていると考えるのが妥当かもしれません。

第11講　RDI
──肯定的なネットワークの活用

　さて，EMDRは，そのクライエントの脳内にある肯定的ネットワークが成功の秘訣を握っています。もともとたくさんの肯定的なネットワークがある人の再処理は簡単だと言えます。先ほども触れたように，一方，たくさんの否定的なネットワークのある人の再処理は，より不安定にしてしまう危険を伴います。そこでそういう人にまずするべき作業は肯定的ネットワークを活性化したり，増やす作業です。

　肯定的な記憶に焦点を当てる手続きとしてRDI（Resource Development and Installation：資源の開発と植え付け）が，こうした不安定なクライエントの安定化に有効であると示されています（Korn & Leeds, 2002）。一方，榊（2005）は健常な大学生を用いて，肯定的な記憶を想起させることで気分が肯定的に変化することを示しました。さらに，記憶の重要度が気分変化の度合いと関連があることを見いだしています。また，著者は抑うつ的な大学生へのRDI適用を試み，その有効性，及び長期的な維持効果を認めています（Ichii, 2003）。すなわち，RDIは否定的な記憶をすぐに処理できない不安定な，否定的記憶に満ちたクライエントでなくとも，より健康度の高い，治療を求めるレベルではない抑うつ的な大学生に対する予防的な役割を果たすことがわかっています。以下にその手続きを女子大学生の仮想例を挙げながら述べます。

1. RDI の手続き

　1.「あなたが感じる中心的なストレスにはどんなものがありますか？」に対して，「周りの人に利用されてしまう。いやだと思っても『いいよ』と言ってしまう自分がいる。後から後悔し，そういう自分がいやで落ち込む。」「そのストレスの度合い」は 7 と評定されました。

　2.「問題となるストレス場面でその状況にうまく対処できるためには自分に何が必要ですか？　これは性格的，特性的なことを聞いています（勇気，自信，厳しさなど）」に対して，「ちゃんと自分の気持ちを言える勇気」と答えています。この特性をうまく見つけられるかが最初のポイントとなります。

　3. 次は3つの選択肢があります。「それ（勇気，自己主張力，厳しさなど）が確かにあったという経験はありませんか？　遠い昔のことでも構いません。もしくは，それ（勇気，自己主張力，厳しさなど）を確かに持っているあなたのお手本になるような人はいませんか？　もしくは，

それを象徴する自然物や人工物のようなものはありませんか？」に対して，「小学生の時に，クラスの中でいじめがあった。みんなは遠巻きにしているだけだったが，自分は「止めなよ」と言った。いじめにあっていた子から「ありがとう」と言われ，仲良しになった」という記憶を取り上げました。この記憶がうまく見つけられることがこの後を決定的に左右します。

4.「その経験をイメージしてみて……（お手本の場合はその人がそばにいてあなたにその人の特性が伝わってくると考えてください。象徴の場合は，それと一体化したり，すぐ近くに感じてください。）何が見えていますか？」に対して，「いじめっ子のあ然とした顔，教室の机，椅子　いじめられていた子の顔，他のクラスメート」と答え，「どんな声や音が聞こえますか？」に対して「自分の声，ざわざわしていたのがしーんとなった」と答えました。「どんな臭いがしますか？」には，「チョークのにおい」，「空気の感じはどうですか？」には「暑い」，「肌で感じる触覚的なものはありますか？」「特になし」，「今，この経験を思い出してみて，どんな感情がわいてきますか？」には，「緊張感，達成感」と答えている。また，「その感情を体のどこで感じていますか？」には「両腕，胸の辺り」と答えていて，このようにさまざまな感覚を通してその時を再体験することを目指します。概念的に出来事を遠くから距離を持って思い出す状態ではありません。その時の自分を外から眺めるのではなく，その出来事の渦中にいる感覚を持つようにします。

5.「今の時点でこの記憶（もしくは，お手本のイメージ，象徴物）がどのくら役立ちそうな感じがしますか？」には4点が与えられました。

6.「チョウチョの羽ばたき[注]」（図11-1）（6〜12往復）で感じなどが変化するか見てみましょう」に対して，①「あまり変わらない」，②「落ち着く感じ」，③「さらに落ち着く」，④「自信を感じる」と報告しています。この刺激の目的は定着であり，大きな変化を期待しているわけではありません。この姿勢自体が自身を受け入れる意味を持ち，また，手を交差することで，刺激を与えているよりは，受けている感覚が強いと考えています。しかし，もし刺激を加えることで，否定的な連想が生じる場合には，そうした連想が生じない記憶を3.に戻って探し直す必要があります。

7.「記憶の名前」として，「A子ちゃん（いじめられていた子）救出」と名付けました。

8.「一緒に出てくる肯定的な言葉を見つけてください」には，「私はできる」が選ばれました。

9.「さらにチョウチョの羽ばたきで強まるか見てみましょう」に対して，①「できる気がする」，②「そう思える」と結びついた感じを報告しました。

10.「今の時点でこの記憶（お手本のイメージ）がどのくらい役立ちそうな感じがしますか？」に対して6点が選ばれました。

11.「初めに考えたストレス場面をこの記憶と一緒に考えてください」に対して「どう言うかは問題だが，言えそうな気がする。前より感情を表情に出せそうな気がする」。「今感じるストレスの度合いはどのくらいでしょう？」に対して「5」と評価され，ストレスの低減が認められました。

注）これは眼球運動の代わりに用いられる両側性刺激の1つで，自分で自分に与える刺激として優れた効果が報告されています。胸の前で，両腕を手首の辺りを支点にして交差し（図参照），鎖骨のやや下を人差し指，中指，薬指の3指の先で軽く，左右交互にタッピングします。

```
資源の開発と植え付け
■ 現在のストレス状況を考える
■ どんな特性があったら乗り切れるか？（3つの選択肢のどれか）
  1. それがあった成功，承認体験
  2. それを持ったモデル（お手本）
  3. それを表すシンボル（象徴）
    ①視覚，聴覚，嗅覚，触覚
    ②感情と感覚
    ③感覚の場所
■ より強める（両側性の刺激を加える）
■ 名前をつける
■ 一緒に出てくる肯定的な言葉
■ ストレス状況への再アクセス（対処的なイメージ）
```

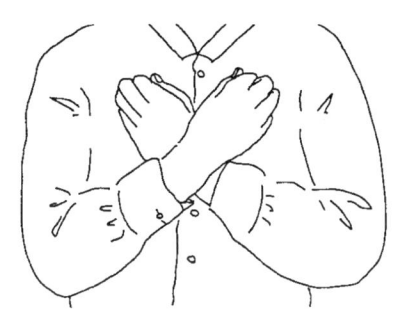

タッピングの位置

図11-1　肯定的な記憶の活用（RDI：資源の開発と植え付け）

　このように，肯定的な記憶をしっかりと想起することで，自身の中にあった力（資源）を思い出し，現在のストレス状況でのその活用の可能性が高められます。

　また，お手本の例で言えば，3. で「イチローが三塁盗塁のためにスタートを切るところ」が勇気のお手本としてあげられるかもしれません。そして，4. では，彼が三塁ベースに向かってスタートを切る瞬間の緊張感や潔い勇気を一緒に感じることが大切になります。すなわち，一緒にピッチャーの背中や打者や，キャッチャーや遊撃手の様子を見，スタンドの声援や，スパイクの音を聞き，土や芝のにおいを感じ，足にしっかり土を蹴る感じを感じます。この時点ではほとんどお手本と一体化しているか，非常に近い距離で体験していることが望ましいです。テレビのこちら側でゆったりソファーに座りながら野球中継を見ている場面では彼の勇気を体感することはほとんどできそうにありません。

　こうしたお手本の場合，モデリングの外顕的要素のみでなく，認知，感情，身体感覚などを感じ取ることで，感情的なエンパワメントを受け取ることができるのが特徴となります。イチローから自分へと勇気が伝わる，自分の中に勇気が沸いてくる感じが感じられないと有効性は低いでしょう。自身がイチローの背後霊のように貼りついていろいろと一緒に経験しているとか，イチローが自分のコーチのようにすぐ横や後ろから，励ましてくれたり，見守ってくれているイメージも有効性はあるでしょう。

　象徴の例としたら，空に向かってそびえる杉の巨木や，高いところから落ちる滝が当てはまるかもしれません。自身がそれと一体化するイメージが持てたらいいのですが，難しければ，それを収めた写真（立体的で，動くホログラムみたいなイメージが持てたらなおいい）を自身の胸に当てて，その姿が自身の鼓動と共鳴するようなイメージを持ってほしいと思います。

2. まとめ

　われわれは脳内に数え切れないほどの記憶を貯蔵しています。そして，常に引き出しを開けてはさまざまな記憶にアクセスをかけています。落ち込んだ気分が否定的な記憶を導きやすくするのですが，逆にアクセスする記憶を敢えて変えることにより，気分を自身のめざしたい方向にコントロールすることが可能なのです。自分の中に眠っている資源を活かさない手はないだろうと思います。

RDI実習ワークシート（BH：バタフライ・ハグ（ちょうちょのはばたき））

1. 今気になっていること，今のストレスといったら何でしょうか？

　_____
　_____

2. そのストレスの度合いはどのくらいでしょうか？　0を「全くストレスを感じない」10を「考えられる最大のストレス」とするといくつくらいでしょうか？

　　全くストレスを感じない　0　1　2　3　4　5　6　7　8　9　10　考えられる最大のストレス

3. それでは，そのストレス場面でその状況にうまく対処できるためには自分に何が必要でしょうか？　自分にもう少しこういうところがあったらというような性格的なこと，特性的なことを聞いています。たとえば，勇気，自己主張力，厳しさなどです。

　_____

4. この後は，3つの選択肢があります。いずれかを選んでください。
　・1つ目は，それ（言葉を繰り返す）が自分に確かにあったという経験はありませんか？　遠い昔のことでも構いません。どんな経験ですか？
　・2つ目は，それ（言葉を繰り返す）を確かに持っているあなたのお手本になるような人はいませんか？　その人のその部分が最も表れているような場面を思い描いてください。どんな場面ですか？
　・3つ目は，それ（言葉を繰り返す）を表す象徴的なものを見つけてください。海，川，泉，大木，岩，とか，宗教的なものでもいいかもしれません。

　_____
　_____
　_____
　_____

5. その経験をイメージしてみて……（お手本の場合はその人のすぐそばにあなたがいて，その人の特性が伝わってくると考えてください。象徴ならそれと一体化したり，すぐ近くに感じてください。）
　（ア）何が見えていますか？

　_____

　　　　　　_____

　　（イ）どんな声や音が聞こえますか？

　　　　　　_____

　　（ウ）どんな臭いがしますか？（ないことも多い）

　　　　　　_____

　　（オ）肌で感じる触覚的なものはありますか？

　　　　　　_____

　　（カ）今，この経験を思い出してみて，どんな感情がわいてきますか？（肯定的な感
　　　　　情でなければ選んだ経験が不適切ということで，選び直す必要がある。）

　　　　　　_____

　　（キ）その感情を体のどこで感じていますか？

　　　　　　_____

6. 今の時点でこの記憶（お手本や象徴のイメージ）がどのくらい役立ちそうな感じが
　 しますか？　全く役に立たないが1，非常に役立ちそうが7としたら，いくつくらい
　 でしょう？

　　　全く役に立たない　　1　　　2　　　3　　　4　　　5　　　6　　　7　　非常に役立ちそう

7. そのイメージをなるべくありありと感じてください。感じたら，ゆっくりちょうちょ
　 のはばたきを加えてみましょう。（ゆっくり6〜12往復のちょうちょのはばたき
　（BH）を行う）はい，深呼吸。今何を感じていますか？

　　① _____
　　（いい感じなら，そのまま6〜12往復のBH。弱ければ，もう一度イメージをしっか
　　り浮かべて，6〜12往復のBH。）はい，深呼吸。今何を感じていますか？

　　② _____
　　（いい感じなら，そのまま6〜12往復のBH。弱ければ，もう一度イメージをしっか
　　り浮かべて，6〜12往復のBH。）はい，深呼吸。今何を感じていますか？

　　③ _____
　　（いい感じなら，そのまま6〜12往復のBH。弱ければ，もう一度イメージをしっか
　　り浮かべて，6〜12往復のBH。）はい，深呼吸。今何を感じていますか？

④ _____

8. その記憶に名前をつけましょう。自分が思い出すのに便利なものでいいので，固有名詞でも構いません。

　　_____

9. 一緒に出てくる肯定的な言葉を見つけてください。たとえば，私は勇気がある，私は主張できる，などです。

　　_____

10. では，もう一度イメージと名前や肯定的な言葉も一緒に思い描いて，ゆっくりちょうちょのはばたきを加えてみましょう。（ゆっくり6～12往復のちょうちょのはばたき（BH）を行う）はい，深呼吸。今何を感じていますか？

　　① _____
　　（いい感じなら，そのまま6～12往復のBH。弱ければ，もう一度イメージなどをしっかり浮かべて，6～12往復のBH。）はい，深呼吸。今何を感じていますか？

　　② _____

11. 今の時点でこの記憶（お手本のイメージ）がどのくらい役立ちそうな感じがしますか？　全く役に立たないが1，非常に役立ちそうが7としたら，いくつくらいでしょう？

　　全く役に立たない　1　　　2　　　3　　　4　　　5　　　6　　　7　非常に役立ちそう

12. 初めに考えたストレス場面をこの記憶と一緒に考えてください。どんな感じがしますか？　初めとの違いを感じますか？

　　_____
　　_____

13. 今感じるストレスの度合いはどのくらいでしょうか？　0を「全くストレスを感じない」10を「考えられる最大のストレス」とするといくつくらいでしょうか？

　　全くストレスを感じない　0　1　2　3　4　5　6　7　8　9　10　考えられる最大のストレス

文　献

Ahmed, A. S. (2007)：Post-traumatic stress disorder, resilience and vulnerability, Advances in Psychiatric Treatment, 13(5), 369-375.

相川充・津村俊充編 (1996)：社会的スキルと対人関係．誠信書房．

Ainsworth, M. D. & Bell, S. M. (1970)：Attachment, exploration, and separation: Illustrated by the behavior of one-year-olds in a strange situation. Child Development, 41, 49-67.

American Psychiatric Association (1994)：Diagnostic and Statistical Manual of Mental Disorders Forth Edition. (高橋三郎・大野裕・染矢俊幸訳：DSM-IV 精神疾患の診断・統計マニュアル．医学書院，1996．)

American Psychiatric Association (2004)：Practice Guideline for the Treatment of Patients with Acute Stress Disorder and Posttraumatic Stress Disorder. Arlington, VA: American Psychiatric Association Practice Guidelines.

American Psychiatric Association (2013)：Diagnostic and Statistical Manual of Mental Disorders Fifth Edition. (高橋三郎・大野裕・染矢俊幸／神庭重信・尾崎紀夫・三村將・村井俊哉訳：DSM-5 精神疾患の診断・統計マニュアル．医学書院，2014．)

Andrade, J., Kavanagh, D., & Baddeley, A. (1997)：Eye-movements and visual imagery: A working memory approach to the treatment of post-traumatic stress disorder. British Journal of Clinical Psychology, 36, 209-223.

Arnkoff, D. B. (1986)：A comparison of the coping and restructuring components of cognitive restructuring. Cognitive Therapy and Research, 10, 147-158.

Beck, A. T. (1976)：Cognitive Therapy and the Emotional Disorders. New York: International University Press. (大野裕訳：認知療法——精神療法の新しい発展．岩崎学術出版社，1990．)

Beck, A. T. et al. (1979)：Cognitive Therapy of Depression. (坂野雄二監訳：うつ病の認知療法．岩崎学術出版社，1992．)

ベネッセ教育研究所 (1999)：授業の荒れを考える．モノグラフ・中学生の世界 63．

ベネッセ教育研究所 (1999)：学級の荒れをどうとらえるか．モノグラフ・小学生ナウ 19-2．

ベネッセ教育研究開発センター (2007)：学習基本調査・国際6都市調査 速報版．ベネッセコーポレーション．

Berg, I. S. (1994)：Family Based Services: A Solution-Focused Approach, W.W. Norton. (磯貝希久子監訳：家族支援ハンドブック．金剛出版，1992．)

Bernard, M. E., Kratochwill, T. R. & Keefauver, L. W. (1983)：The effects of ratinal-emotive therapy and self-instructional training on chronic hair pulling. Cognitive Therapy and Research, 7(3), 273-279.

Bisson, J. I., Roberts, N. P., Andrew, M., Cooper, R., Lewis, C. (2013)：Psychological therapies for chronic post-traumatic stress disorder(PTSD) in adults(Review).

Bleich, A., Kotler, M., Kutz, I., & Shalev, A. (2002)：A position paper of the (Israeli) National Council for Mental Health: Guidelines for the assessment and professional intervention with terror victims in the hospital and in the community. Jerusalem, Israel. イスラエル国立精神衛生会議．

Bower, G. H. (1981)：Mood and Memory. American Psychologist, 36, 129-148.

Bowlby, J. (1969)：Attachment and loss Vol.1 Attachment. London: Hogarth Press. (黒田実郎ら訳：母子関係の理論 I 愛着行動．岩崎学術出版社，1976．)

Bremner, J. D. Randall, P., Scott, T. M., Bronen, R. A., Seibyl, J. P., Southwick, S. M., Delaney, R. C., McCarthy, G., Charney, D. S., Innis, R. B. (1995)：MRI-based measurement of hippocampal volume in patients with combat-related posttraumatic stress disorder. American Journal of Psychiatry, 152(7), 973-981.

Chambless, D. L., et al. (1998)：Update on empirically validated therapies, II. The Clinical Psychologist 51(1), 3-16.

Christman, S. D., Garvey, K. J., Propper, R. E., & Phaneuf, K. A. (2003)：Bilateral eye movements enhance the retrieval of episodic memories. Neuropsychology, 17, 221-229.

Cohen, Evans, Stokols, & Krantz (1986)：Behavior, health, and environmental stress. New York: Plenum Press.

CREST (2003)：The management of post traumatic stress disorder in adults. A publication of the Clinical Resource Efficiency Support Team of the Northern Ireland Department of Health, Social Services and Public Safety, Belfast.

Crits-Christoph, P., Frank, E., Chambless, D. L., Brody, C., Karp, J. F. (1995)：Training in empirically validated treatments: What are clinical psychology students learning? Professional Psychology: Research and Practice, 26(5), 514-522.

Davidson, J. R. T. & Foa, E. B. Diagnostic Issues in Posttraumatic Stress Disorder: Considerations for the DSM-IV, Journal of Abnormal Psychology, 1991, 346—355.

Department of Veterans Affairs & Department of Defense (2004)：VA/DoD Clinical Practice Guideline for the Management of Post-Traumatic Stress. Washington, DC. http://www.oqp.med.va.gov/cpg/PTSD/PTSD_cpg/frameset.htm

Dryden, W. & Rentoul, R. (1991)：Adult Clinical Problems: A cognitive-behaviorural approach.（丹野義彦監訳：認知臨床心理学入門——認知行動アプローチの実践的理解のために．東京大学出版会，1996.）

Ellis, A. & Harper, R. A. (1975)：A New Guide to Rational living. Prentice-Hall, Inc. Englewood Cliffs, New Jersey.（國分康孝・伊藤順康訳：論理療法．川島書店，1981.）

Epstein, S. (1985)：The implications of cognitive-experientional self-theory for research in social psychology and personality. Journal of the Theory of Social Behavior, 15, 283-310.

Epstein, S. (1991)：The self-concept, the traumatic neurosis, and the structure of personality. In D. Ozer, J. M. Healy, Jr., & A.J. Stewart(Eds.), Perspectives on personality(Vol. 3, Part A, pp. 63-98) London: Jessica Kingsley.

Foa, E. B., Keane, T. M., Friedman, M. J., & Cohen, J. A. (2009)：Effective treatments for PTSD: Practice Guidelines of the International Society for Traumatic Stress Studies New York: Guilford Press.

Forbes D1, Creamer, M., Phelps, A., Bryant, R., McFarlane, A., Devilly, G. J., Matthews, L., Raphael, B., Doran, C., Merlin, T., Newton, S. (2007)：Australian guidelines for the treatment of adults with acute stress disorder and post-traumatic stress disorder. Australian and New Zealand Journal of Psychiatry. 41(8), 637-48.

Golman, D. (1995)：Emotional Intelligence. Bantam.（土屋京子訳：EQ——こころの知能指数．講談社，1996.）

Gunter, R. W. & Bodner, G. E. (2008)：How eye movements affect unpleasant memories: Support for a working-memory account. Behaviour Research and Therapy, 46, 913-931.

Gurvits, T. V., Shenton, M. E., Hokama, H., Ohta, H., Lasko, N. B., Gilbertson, M. W., Orr, S. P., Kikinis, R., Jolesz, F. A., McCarley, R. W., & Pitman, R. K. (1996)：Magnetic Resonance Imaging Study of Hippocampal Volume in Chronic, Combat-Related Posttraumatic Stress Disorder. Biological Psychiatry. 40(11), 1091-1099.

浜口佳和・川端郁恵（1995）：いじめ場面での被害者の対応が加害者の心理と行動に及ぼす影響について．筑波大学発達臨床心理学研究 7, 69-76.

Haug, T., Brenne, L., Johnson, B. H., Berntzen, D., Gotestam,K., & Hugdahl, K. (1987)：A three-systems analysis of fear of flying: A comparison of a consonant vs a non-consonant treatment method. Behaviour Research and Therapy, 25, 187-194.

Herman, J. L. (1992)：Trauma and Recovery. Basic Books: NY.（中井久夫訳：心的外傷と回復．みすず書房，1999.）。

Holmes, T. & Rahe, R. (1967)：The Social Readjustment Rating Scale. Journal of Psychosomatic Research, 11, 213-218.

堀井啓幸（1998）：統計・資料にみる「学級崩壊」現象．学校経営 43(5), 42-52.

Horowitz, M. J. (1986)：Stress response syndromes(2nd ed.) Northvale, NJ: Aronson.

Hutschemaekers, G. J. M. (2003)：Multidisciplinary guidelines in Dutch mental health care: plans, bottlenecks and possible solutions Oct-Dec; 3: e10. Published online 10 December 2003. PMCID: PMC1483940, International Journal of Integrated Care.

市井雅哉（1995）：転校を機会に再登校できた中学生の事例——認知行動療法による援助の可能性．日本行動療法学会第 21 回大会発表論文集 114-5.

市井雅哉（1997）：心的外傷後ストレス障害の認知行動療法——EMDR（眼球運動による脱感作と再処理法）．心身医療，9(10), 50-55.

市井雅哉（1999）：いじめというトラウマ．藤森和美（編）子どものトラウマと心のケア．誠信書房．

市井雅哉（2001）：EMDRの効果と限界．臨床心理学，1, 263-268.

Ichii, M. (2003)：Effects of RDI for ameliorating depression in college students: In comparison with Cognitive Therapy. Paper presented at EMDRIA 2003 in Denver.

INSERM (2004)：Psychotherapy: An evaluation of three approaches. French National Institute of Health and Medical Research, Paris, France.

伊東博（1983）：ニュー・カウンセリング．誠信書房．

岩田昇（1997）：主観的ストレス反応の測定．産業ストレス研究，5, 7-13.

Jacobson, E. (1938)：Progressive relaxation (2nd ed.). Oxford, England: Univ. Chicago Press. 494 pp.

Janoff-Bulman (1992)：Shattered assumptions: Towards a new psychology of trauma, New York: Free Press.

神村栄一・向井隆代（1998）：学校のいじめに関する最近の研究動向．カウンセリング研究，31, 190-201.

加藤 司（2001）：コーピングの柔軟性と抑うつ傾向との関係．心理学研究，72, 57-63.

Kawakami, N., Takeshima, T., Ono, Y., Uda, H., Hata, Y., Nakane, Y., Nakane, H., Iwata, N., Furukawa, T. A., Kikkawa, T. (2005)：Twelve-month prevalence, severity, and treatment of common mental disorders in communities in Japan: preliminary finding from the World Mental Health Japan Survey 2002-2003. Psychiatry Clin Neurosci. 59(4), 441-52.

河村茂雄・田上不二夫（1998）：教師の指導行動・態度の変容の試み（2）――教師のビリーフ介入プログラムの効果の検討．カウンセリング研究，31, 270-285.

河村茂雄（1999）：学級崩壊に学ぶ．誠信書房．

河村茂雄（2001）：学校病理．杉原一昭・次良丸睦子・藤生英行（編）事例で学ぶ生涯発達臨床心理学．福村出版．

Kazdin, A. E. (1998)：Research Design in Clinical Psychology, 3rd edition. Macmillan.

Kendall, P. C. et al. (1989)：Self-referent speech and psychopathology: The balance of positive and negative thinking. Cognitive Therapy and Research, 13(6), 583-598.

Kendall, P. C., Williams, L., Pechacek, T. F., Graham, L. E., Shisslak, C., & Herzoff, N. (1979)：Cognitive-behavioral and patient education interventions in cardiac catheterization procedures: the Palo Alto Medical Psychology Project. Journal of Consulting and Clinical Psychology, 47(1), 49-58.

Kendall, P. C. et al. (1992)：Cognitive-Behavioral Therapy for Anxious Children: Treatment Manual. Ardmore, PA: Workbook Publishing.（市井雅哉監訳：子どものストレス対処法．岩崎学術出版社，2000.）

Kessler, R. C., Sonnega, A., Bromet, E., Hughes, M., Nelson, C. B. (1995)：Posttraumatic stress disorder in the National Comorbidity Survey. Arch Gen Psychiatry. 52(12), 1048-1060.

木村諭史・市井雅哉・坂井誠（2011）：対処方略の柔軟性が外傷性ストレス反応に及ぼす影響．行動療法研究，37(3), 133-142.

小林正幸（2000）：学級再生．講談社現代新書．

小林正幸・相川充（編）（1999）：ソーシャルスキル教育で子どもが変わる 小学校．図書文化．

国分康孝（編）（1998）：サイコエジュケーション．「心の教育」その方法．図書文化社．

Korn, D. L. & Leeds, A. M. (2002)：Preliminary evidence of efficacy for EMDR resource development and installation in the stabilization phase of treatment of complex posttraumatic stress disorder. Journal of Clinical Psychology. 58(12), 1465-1487.

Kovacs, M., Rush, A. J., Beck, A. T., Hollon, S. D. (1981)：Depressed outpatients treated with cognitive therapy or pharmacotherapy. A one-year follow-up. Archives of General Psychiatry, 38(1), 33-39.

Lang, P. J. (1971)：The application of psychophysiological methods to the study of psychotherapy and behavior modification. In A. E. Bergin S. L. Garfield (Eds.), Handbook of psychotherapy and behavior change. New York: Wiley.

Lang, P. J. (1977)：A bioinformational theory of emotional imagery. Psychophysiology, 16, 495-512.

Laplanche & Pontalis (1976)：精神分析用語辞典．

Lazarus, R., & Folkman, S. (1984)：Stress, Appraisal, and Coping. Springer.（本明寛・春木豊・織田正美監訳：ストレスの心理学．実務教育出版，1991.）

Lee, C., Taylor, G, Drummond P.. (2006)：The active ingredient in EMDR: is it Traditional exposure or dual focus of attention? Clinical Psychology and Psychotherapy, 13, 97-107.

Lereya, S. T., Copeland, W. E., Costello, E. J, Wolke, D. (2015)：Adult mental health consequences of peer bullying and maltreatment in childhood: two cohorts in two countries. Lancet Psychiatry, 2, 524-531.

Levin, P., Lazrove, S., & van der Kolk, B. A. (1999)：What psychological testing and neuroimaging tell us about the treatment of posttraumatic stress disorder by eye movement desensitization and reprocessing. Journal of Anxiety Disorder, 13(1-2), 159-172.

MacCulloch, M. J. (2003) : Horizontal rhythmical eye-movements consistently diminish the arousal provoked by auditory stimuli. British Journal of Clinical Psychology, 42, 289-302.

MacCulloch, M. J., & Feldman, P. (1996) : Eye movement desensitization treatment utilizes the positive visceral element of the investigatory reflex to inhibit the memories of post-traumatic stress disorder: A theoretical analysis. British Journal of Psychiatry, 169, 571-579.

Mahoney, M. J. (1991) : Human Change Processes: The Scientific Foundations of Psychotherapy. Basic Books.

Main, M. & Solomon, J. (1986) Discovery of a new, insecure-disorganized/disoriented attachment pattern. In T. B. Brazelton & M. Yogman (Eds), Affective development in infancy, pp.95-124. Norwood, New Jersey: Ablex.

Manfield, P. (1999) : Double blind alternating tone research, Paper presented at 1999 EMDR International Association Conference.

松村茂治・浦野裕司 (1998) : 荒れた学級で, 担任教師は学級通信を通して, 子どもたちに何を伝えようとしたか. 東京学芸大学紀要 第1部門. 教育科学, 49, 111-122.

Maxfield, L., Melnyk, W. T. & Hayman, C. A. G. (2008) : A working memory explanation for the effects of eye movements in EMDR. Journal of EMDR Practice and Research, 2, 247-261.

McCan, I. L. & Pearlman, L. A. (1990) : Psychological trauma and the adult survivor: Theory, therapy, and transformation. New York: Wiley.

McLean, P. D., Hakstian, A. R. (1979) Clinical depression: comparative efficacy of outpatient treatments. Journal of Consulting and Clinical Psychology, 47(5), 818-836.

Mehrabian, A. (1981) Silent messages: Implicit communication of emotions and attitudes. Belmont, CA: Wadsworth.

Meichenbaum, D. H. (1972) : Cognitive modification of test anxious college students. Journal of Consulting and Clinical Psychology, 39(3), 370-380.

宮原広司 (1983) : いじめの構造と実践の課題. 生活指導, 319, 518.

Mol, S. S., Arntz, A., Metsemakers, J. F., Dinant, G. J., Vilters-van Montfort, P. A., Knottnerus, J. A. (2005) : Symptoms of post-traumatic stress disorder after non-traumatic events: evidence from an open population study. British Journal of Psychiatry, 186, 494-499.

文部省 (1999) : 学級経営をめぐる問題の現状とその対応 (中間まとめ).

Montgomery, R. W., Ayllon, T. (1994a) : Eye movement desensitization across images: A single case design. Journal of Behavior Therapy and Experimental Psychiatry, 25(1), 23-28.

Montgomery, R. W., Ayllon, T. (1994b) : Eye movement desensitization across subjects: Subjective and physiological measures of treatment efficacy. Journal of Behavior Therapy and Experimental Psychiatry, 25(3), 217-230.

Mullen, B. (1989) : Advanced BASIC Meta-Analysis. Lawrence Erlbaum Associates, Inc. (小野寺孝義訳:基礎から学ぶメタ分析. ナカニシヤ出版, 2000.)

長江信和・根建金男・関口由香 (1999) : シャイネスに対する自己教示訓練の効果——対処的自己陳述の焦点化の違いによる変容の相違. カウンセリング研究, 32, 32-42.

永久ひさ子 (1995) : 専業主婦における子どもの位置と生活感情. 母子研究, 16, 50-57.

National Collaborating Centre for Mental Health (2005) : Post traumatic stress disorder (PTSD): The management of adults and children in primary and secondary care. London: National Institute for Clinical Excellence.

根建金男・市井雅哉・関口由香・宮前義和・上里一郎 (1995) : 認知行動療法は効くか?——メタアナリシスと個人差要因の視点から. カウンセリング研究, 28, 87-103.

日本健康心理学会編健康心理学辞典 (1997) : 項目「心的外傷」, 156.

西園マーハ文 (1996) : 心的外傷後ストレス症候群 (PTSD) の認知・行動療法的理解と治療. 認知療法ハンドブック, 239-254.

奥村武久・河原啓・長井勇・楠田康子・木村純子・野田恵子・鈴木英子・林光代 (1987) : 大学生の過去の「いじめられ体験」に関する調査. 第25回全国大学保健管理研究集会報告書, 229-233.

小野正樹 (2014) : トラウマから見た子どもの発達障害——その理解と治療. 精神科治療学, 29(5), 603-608.

Propper, R., Pierce, J. P., Geisler, M. W., Christman, S. D., & Bellorado, N. (2007) : Effect of bilateral eye movements on frontal interhemispheric gamma EEG coherence: Implications for EMDR therapy. Journal of Nervous and Mental Disease, 195, 785-788.

Rauch, S. L., van der Kolk, B. A., Fisler, R. E., Alpert, N. M., Orr, S. P., Savage, C. R., Fischman, A. J., Jenike, M. A., & Pitman, R. K. (1996): A symptom provocation study of posttraumatic stress disorder using positron emission tomography and script-driven imagery. Archives of General Psychiatry, 56, 380-387.

Resick, P. A. & Schnicke, M. K. (1993): Cognitive Processing therapy for rape victims: A treatment manual. Newbury Park, CA: Sage.

Sackett, D. et al. (1997) Evidence-based MEDICINE.（久繁哲徳監訳：根拠に基づく医療——EBMの実践と教育の方法．オー・シー・シー・ジャパン，1999.）

榊美智子（2005）感情制御を促進する自伝的記憶の性質．心理学研究，76, 169-175.

坂西友秀（1995）：いじめが被害者に及ぼす長期的な影響および被害者の自己認知と他の被害者認知の差社会心理学研究，11, 2, 105-115.

坂野雄二（1995）：認知行動療法．日本評論社．

Schmid. M., Peterman, F. & Fegert, J. M. (2013): Developmental trauma disorder: pros and cons of including formal criteria in the psychiatric diagnostic systems. BMC Psychiatry, 13, 3.

Schultz, J. H. (1932): Das Autogene Training.（成瀬悟策訳：自己催眠．誠信書房，1963.）

Seligman, M. E. P. (1990): Learned Optimism: How to Change Your Mind and Your Life. Pocket Books, New York, NY.（山村寛子訳：オプティミストはなぜ成功するか．講談社，1994.）

Selye, H. (1956): The Stress of Life. McGraw-Hill, New York.（杉靖三郎・田多井吉之介・藤井尚治・竹宮隆訳：現代生活とストレス．法政大学出版局，1974.）

Shapiro, E. (2011): The Recent Traumatic Episode Protocol (R-TEP): An Integrative Protocol for Early EMDR Intervention (EEI) 日本EMDR学会 第6回学術大会継続研修．

Shapiro, F. (1989): Efficacy of the eye movement desensitization procedure in the treatment of traumatic memories. Journal of Traumatic Stress, 2, 199-223.

Shapiro, F. (1995): Eye Movement Desensitization and Reprocessing: Basic Principles, Protocols and Procedures (1st edition). New York: Guilford Press.（市井雅哉監訳：EMDR——外傷記憶を処理する心理療法．二瓶社，1974.）

Shapiro, D. A., & Shapiro, D. (1982): Meta-analysis of comparative therapy outcome studies: a replication and refinement. Psychological Bulletin. 92(3), 581-604.

嶋田洋徳（1998）：小中学生の心理的ストレスと学校不適応に関する研究．風間書房．

島津明人・小杉正太郎（1998）：職場不適応に関するコーピング方略の検討．産業ストレス研究，5, 160-164.

下村哲夫（1998）：「学級崩壊」はなぜ起きるか，どう対応するか．学校経営 43(5), 6-14.

下坂幸三（1998）：心的外傷理論の拡大化に反対する．精神療法，24(4), 332-339.

下山晴彦編著（2000）：臨床心理学研究の技法．福村出版．

Sjöblom, P. O., Andréewitch, S., Bejerot, S., Mörtberg, E., Brinck, U., Ruck, C., & Körlin, D. (2003): Regional treatment recommendation for anxiety disorders. Stockholm: Medical Program Committee/Stockholm City Council, Sweden.

Smith, E. E., Nolen-Hoeksema, S., & Fredrickson, B. L. (2003) Atkinson & Hilgard's Introduction to Psychology 14th Edition.（第14版ヒルガードの心理学．ブレーン出版．）

Smith, M. L., & Glass, G. V. (1977): Meta-analysis of psychotherapy outcome studies. American Psychologist, 32, 752-760.

Stein, M. B., Koverola, C., Hanna, C., Torchia, M. G., McClarty, B. (1997): Hippocampal volume in women victimized by childhood sexual abuse. Psychological Medicine, 27(4), 951-959.

Stickgold, R. (2002): EMDR: A putative neurobiological mechanism of action. Journal of Clinical Psychology, 58, 61-75.

杉原一昭・宮田敬・桜井茂男（1986）：「いじめっ子」と「いじめられっ子」の社会的地位とパーソナリティ特性の比較 8, 63-72.

鈴木康平（1995）：学校におけるいじめ．教育心理学年報，34, 132-142.

鈴木真悟・高橋良彰・西村春夫（1983）：中学生の生徒間暴力についての分析2．被害態様と被害者の反応．科学警察研究所報告防犯少年編 24, 1, 15-29.

立花正一（1990）：「いじめられ体験」を契機に発症した精神障害について．精神神経学雑誌，92, 321-342.

高橋良彰・西村春夫・鈴木真悟（1982）：中学生の生徒間暴力についての分析 一．被害者の社会心理学的特性．科学警察研究所報告防犯少年編 23, 2, 108-122.

丹野義彦（2001）：エビデンス臨床心理学．日本評論社．

Teicher, M. H., Ito, Y., Glod, C. A., Andersen, S. L., Dumont, N., Ackerman, E. (1997)：Preliminary evidence for abnormal cortical development in physically and sexually abused children using EEG coherence and MRI. Annals of the New York Academy of Sciences, 821(1), 160-175.

Terr, L. C. (1991)：Childhood. Traumas: An Outline and Overview. Am J Psychiatry, 148(1), 10-20.

Therapy Advisor (2004-7)：http://www.therapyadvisor.com An NIMH sponsored website listing empirically supported methods for a variety of disorders.

豊嶋秋彦・石永なお美・遠山宜哉（1993）："いじめ"への対処と大学生期の適応（Ⅰ）──女子学生における過去の「いじめ・いじめられ体験」と適応感．弘前大学保健管理概要，15, 19-41.

東京都立教育研究所（2000）：子どもたちの揺れ動く心と学校の在り方──小学校における授業妨害・拒否の問題を中心に．「特別研究」第2年次研究報告書．

浦　光博（1992）：支えあう人と人──ソーシャルサポートの社会心理学．サイエンス社

浦野裕司（2001）：学級の荒れへの支援の在り方に関する事例研究──TTによる指導体制とコンサルテーションによる教師と子どものこじれた関係の改善．教育心理学研究，49, 112-122.

浦野裕司・松村茂治（1996）：学級担任の教師は，学級通信を通じて何を伝え，子どもたちは，どう変わっていったか．日本教育心理学会第38回総会発表論文集 315.

van der Kolk, B. A., McFarlane, A. C., Weisaeth, L. (1996)：Traumatic Stress: The Effects of Overwhelming Experience on Mind, Body, And Society, The Guilford Press.（西澤哲訳：トラウマティック・ストレス──PTSDおよびトラウマ反応の臨床と研究のすべて．誠信書房，2001.）

van der Kolk, B. A. (2004)：PTSDの現象学，神経生物学，および治療について．世界行動療法認知療法会議神戸大会プログラム委員会（編著）PTSD・強迫性障害・統合失調症・妄想への対応──ワークショップから学ぶ認知行動療法の最前線．金子書房，2008.

van der Kolk, B. A., Spinazzaola, J., Blaustein, M. E., Hopper, J. W., Hopper, E. K., Korn, D. L., Simpson, W. B. (2007)：A randomized clinical trial of eye movement desensitization and reprocessing (EMDR), fluoxetine, and pill placebo in the treatment of posttraumatic stress disorder: treatment effects and long-term maintenance. J clin Psychiatry, 68, 37-46.

Van Etten, M. L., & Taylor, S. (1998)：Comparative efficacy of treatments for post-traumatic stress disorder: a meta-analysis. Clinical Psychology & Psychotherapy, 5(3), 126-144.

Weiss, J. M. (1971)：Effects of coping behavior in different warning-signal conditions on stress pathology in rats. Journal of Comparative and Physiological Psychology, 77, 1-13.

Wilson, D., Silver, S. M., Covi, W., & Foster, S. (1996)：Eye movement desensitization and reprocessing: Effectiveness and autonomic correlates. Journal of Behaviour Therapy and Experimental Psychiatry, 27, 219-229.

Wilson, S. A., Becker, L. A., Tinker, R. H. (1995)：Eye movement desensitization and reprocessing (EMDR) treatment for psychologically traumatized individuals. Journal of Consulting and Clinical Psychology, 63, 928-37.

World Health Organization (2013)：Guidelines for the management of conditions specifically related to stress. Geneva, Switerzand.

頼藤和寛・中川晶・中尾和久（1993）：心理療法．その有効性を検証する．朱鷺書房．

頼藤和寛（1996）：いじめスペクトラムと現代っ子──いじめ下手といじめられ下手．こころの科学，70, 36-40.

Yule, W. (1996)：Post-Traumatic Stress Disorder in Children. In P.M. Salkovskis (Ed.) Trends in Cognitive and Behavioural Therapies. John Wiley.（坂野雄二・岩本隆茂監訳：認知行動療法──臨床と研究の発展．金子書房，1998.）

あとがき

　数年前に，ある大学で「臨床心理学特別講義」というような内容の集中講義を依頼された。その時に，これまで30年近くになる自分の臨床への取り組みの歴史を概観するような講義を行った。歴史というと何か偉そうだが，単なる紆余曲折と言うべきものだろう。行動療法，認知行動療法，EMDRについて（ついでに解決志向アプローチについても），そして，ストレスやトラウマについて。これらの話が1冊にまとまると大変便利だと思った。今はすでに退職された編集者の唐沢礼子さんから「面白いじゃないですか」と促されてから怠惰にも何年も経ってしまった。

　そんなおり，また，ある大学で集中講義をすることになって，ようやく重い腰が持ち上がった。そして，長谷川純さんという優秀な編集者に恵まれて，程よい調子にお尻を叩かれて，どうにか出版にこぎつけそうな具合になっている。しかし，本を1冊発刊するのは，集中講義前にコピーをかき集めるのとは仕事量は全く違うものだった。そんなことは当然ではあるのだが，見通しが甘かった。

　本書は，新たに書き下ろした部分も多いが，以下の拙著に加筆修正したものを再録するような形になっている。データを新しく改訂，追補した部分もあるが，当時のままの箇所もあることは，私の不徳の致すところである。伏してお詫びする次第である。

- 誠信書房『臨床心理学研究法』第4章より「第2節　効果研究とメタ分析」（pp.126-160）→第2講
- 金子書房『児童心理　臨時増刊　親・教師のためのストレス解消ハンドブック』より「認知行動療法」（pp.148-155）→第4講
- 北大路書房『生徒支援の教育心理学』より「学級崩壊の現状と対応」（pp.48-52）および「社会的スキル教育」（pp.160-165）→第5講
- 誠信書房『子どものトラウマと心のケア』より「いじめというトラウマ」の一部（pp.130-137）→第8講前半

　再掲を快くご許可頂いた出版社の方々には，本当にありがたく，感謝の言葉もない。

　50歳を越えてから人生の残りを考えることが多くなった。これで一区切り，キャリアの後半戦への突入の時期かなあと思う。本書が，ストレス，トラウマ，認知行動療法，EMDRに関心のある初学者，専門家への一助になればこれ以上の喜びはない。

2015年7月31日　神戸にて

市井　雅哉

索　引

アルファベット

ABABデザイン　　19
ABAデザイン　　19
ABデザイン　　19
ADHD　　88, 89
ASD　　84

CBT　　113

DSM-5　　83, 87, 88, 95
DSM-IV-TR　　83
DV　　107, 109

EBM　　34
EMD　　27, 100, 113
EMDR　　26, 33, 37, 100, 103, 105, 106, 109～111, 113, 114, 117
EQ　　51

ICD-10　　87, 89
IES（出来事インパクト尺度）　　106
IQ　　51

PTSD　　33, 37, 83～85, 92～95, 98, 102, 113, 114
　　遅発性――　　83

RDI（資源の開発と植え付け）　　117, 119

SPECT　　114
SSRI（選択性セロトニン再取り込み阻害剤）　　113
SUD（主観的障害単位）　　27, 112, 113

VOC（認知の妥当性尺度）　　27, 112, 113

あ行

愛着　　85, 90, 107
愛着障害　　88, 89
アセスメント　　34
アタッチメント　　85

アナログ研究　　31, 85
暗示　　3, 4
安全基地　　85
安定化　　109, 117
安定型　　87
アンビヴァレント型　　87
怒り　　74, 76
イクスポージャー　　33, 36, 37, 106
いじめ　　72, 78, 91, 93～95, 107, 109
　　――の定義　　91
一事例実験計画　　17, 18
一致度　　25
インフォームドコンセント　　15
ヴァン・デア・コーク，B. A.　　102, 113
うつ　　72, 73, 114
うつ病　　36, 94
右脳　　101
エビデンス　　34
エリクソン，ミルトン　　78
エリス，A.　　59
エンパワメント　　119

か行

解決志向アプローチ　　78
介入群　　25
介入効果研究　　17
海馬　　102
回避　　52, 95, 96, 105
回避型　　87
回避条件づけ　　53, 54
解離性障害　　88
カズディン，A. E.　　18
学級崩壊　　65, 67
活動スケジューリング　　55
管理型教師　　67
希死念慮　　109
記述レビュー　　17, 32
帰属　　60
期待効果　　26
機能　　52

気分障害　88, 89
逆制止　116
虐待　90, 107
急性ストレス障害　83
急性ストレス反応　83, 84, 92
強迫性障害　37
恐怖　75
恐怖症　74, 75
群比較研究　17, 25
系統的脱感作法　37
ケスラー, R. C.　83
嫌子　53
ケンドール, P. C.　27, 59
効果値　32, 33
攻撃的　69, 93
好子　53, 55
構成的エンカウンター・グループ　67
行動活性化療法　55
行動実験　55
行動変容法　38
行動療法　1, 33
コーピング　49, 56, 57
コクラン・ライブラリー　34, 113
子ども　46, 49

さ行

罪悪感　95, 97
再現性　18, 19
再体験　95, 106
催眠被暗示性　3
左脳　101
三項随伴性　52
ジェイコブソン, E.　1
自己教示　27, 31, 32, 71, 74
自己教示法　22
自己催眠　3
仕事　40, 43
自己評価　71, 73
自己報酬　71, 73
自殺　89
自殺念慮　88, 89
自傷　88, 94
自然治癒　19
自尊心　93
実験デザイン　32
疾病利得　85
社会的技能訓練　38
社会的スキル　68, 70, 71, 73

社交恐怖　83
ジャネ, P.　109
シャピロ, F.　27, 112
従属変数　32
主観的障害単位　25
主張的　69, 93
出産　43
受動的　69
シュルツ, J. H.　3
消去抵抗　54
消去動作　4, 6
自律訓練法　3, 5, 6
事例研究　17, 18
身体表現性障害　88, 89
侵入思考　95
信頼性　25, 113
随伴性　52
睡眠障害　97
スキナー, B. F.　52
スケーリング・クエスチョン　79, 81
ストレス　39, 41, 48, 49, 114
ストレス反応　40
ストレス免疫訓練　30, 37
ストレッサー　39, 40, 49, 56, 83, 92, 95
ストレンジシチュエーション法　85
生育歴・病歴聴取　109
性的虐待　112
セリエ, H.　39
セリグマン, M. E. P.　60
漸進的筋弛緩法　1
前頭前野　114
全般性不安障害　83
双極性障害　88, 89
ソーシャルサポート　56, 93

た行

大うつ病性障害　83
待機リスト対照群　35
対処　49, 70, 75, 76, 93, 119
帯状回　114
対処可能性　52
対処的自己陳述　29
対人関係療法　38
大脳半球交互作用説　115
多層ベースラインデザイン　22
脱感作　29
脱抑制型対人交流障害　87, 88
脱抑制性愛着障害　89

妥当性　18
ダブルバインド　13, 14
ダブルブラインド法　25, 32
短期精神分析療法　28
遅延介入群　26
治療計画　110
ティーム・ティーチング　67
適応的情報処理　102
適応的な解決　102
テスト不安　29
等質性　25, 26
統制　18
統制群　25, 26, 113
　　ウェイティングリスト──　26, 29
逃避　52
友だち型教師　67
トラウマ　83〜85, 87, 88, 93, 99
　　──周辺解離　83
　　──の定義　83, 84
　　親の──　90
ドロップアウト　33

な行

内的葛藤　49
2次受傷　85
二重注意刺激　106
認知行動療法　36〜38, 71, 92
認知変容　29
認知療法　28, 33, 59
脳の左右差（ラテラリティ）　101
ノンバーバルコミュニケーション　6

は行

パーソナリティ障害　88, 89
ハーマン, J.　109
バイオフィードバック　38
媒介変数　83
暴露　113
暴露療法　105
発達障害　90
発達的トラウマ障害　87
パニック障害　36, 37, 83
ハラスメント　107
般化　18, 31
反抗挑戦性障害　88, 89
汎適応症候群　40
反応性アタッチメント障害／反応性愛着障害　87
　　〜89

飛行機恐怖症　29
広場恐怖　36, 37, 83
不安　74
不安階層表　29
物質乱用　83, 88, 89
不登校　71, 72, 79
プラシーボ介入対照群　26, 27
プラシーボ対照群　35
フラッシュバック　95, 96
フリースクール　71, 72
プリテスト　25, 26
プロセス　49
分散分析　25
ベースライン　18
ベック, A.　59
辺縁系　114
弁証法的行動療法　38
扁桃体　102
ボールビー, J.　85
ポストテスト　25, 26
ホルムズ, T.　40

ま行

マイケンバウム, D. H.　29
マッチング　25
麻痺　95
マホーニー, M. J.　80
ミラクル・クエスチョン　79, 81
無作為サンプル　85
無作為割り付け　25
無秩序・無方向型　87
メーラビアン, A.　14
メカニズム　106
メタ分析　17, 32
モデリング　27, 70, 119
モデル　63, 64, 66

や行

薬物療法　28
予測可能性　49

ら行

ライフイベント　40
ラザラス, R.　49
力動的・人間学的療法　33
リラクセーション　1, 28〜30
レイプ　99, 112
レジリエンス　50, 88

——因子　50
ロールシャッハ・テスト　114
論理情動行動療法　59, 61
論理情動療法　22

わ行

ワーキングメモリー　103, 115
ワーク・ライフ・バランス　43, 45, 47
ワンダウンポジション　78

著者略歴

市井雅哉（いちい まさや）
1961年　滋賀県生まれ
1992〜93年　テンプル大学大学院留学（ロータリー財団奨学生）
1994年　早稲田大学大学院文学研究科心理学専攻博士後期課程単位取得退学
1994年　早稲田大学人間科学部助手
1996年　琉球大学教育学部助手
2000年　琉球大学教育学部助教授
2004年　現職
専　攻　臨床心理学
現　職　兵庫教育大学発達心理臨床研究センター・トラウマ回復支援研究分野教授
著訳書　子どものトラウマと心のケア（共著，誠信書房），認知行動療法の理論と実際（共著，培風館），新版心理臨床入門（共著，新曜社），認知行動療法（共訳，金子書房），ストレス対処法（監訳，講談社），子どものストレス対処法——不安の強い子の治療マニュアル（監訳，岩崎学術出版社），EMDR——外傷記憶を処理する心理療法（監訳，二瓶社），トラウマからの解放：EMDR（監訳，二瓶社），スモール・ワンダー——EMDRによる子どものトラウマ治療（監訳，二瓶社），こわかったあの日にバイバイ！——トラウマとEMDRのことがわかる本（監訳，東京書籍），EMDR——これは奇跡だろうか（編著，星和書店）EMDR——トラウマ治療の新常識（編著，星和書店）他

図説 臨床心理学特別講義
―認知行動療法, EMDRでストレスとトラウマに対処する―
ISBN978-4-7533-1098-2

著 者
市井 雅哉

2015年9月5日　第1刷発行

印刷　新協印刷(株)　／　製本　(株)若林製本工場

発行所　(株)岩崎学術出版社　〒112-0005　東京都文京区水道1-9-2
発行者　村上　学
電話 03(5805)6623　FAX 03(3816)5123
©2015　岩崎学術出版社
乱丁・落丁本はおとりかえいたします　検印省略

不登校の認知行動療法 セラピストマニュアル
C・A・カーニー著　佐藤容子 監訳
不登校の子どもを援助する新しいスタンダード　　　　本体3500円

不登校の認知行動療法 保護者向けワークブック
C・A・カーニー，A・M・アルバーノ著　佐藤容子 監訳
不登校を理解し具体的に解決する保護者のためのワークブック　本体3000円

山上敏子の行動療法カンファレンス with 下山研究室
山上敏子・下山晴彦著
ケース検討から学ぶ心理療法のエッセンス　　　　本体2300円

心理臨床への多元的アプローチ──効果的なセラピーの目標・課題・方法
M・クーパー，J・マクレオッド著　末武康弘・清水幹夫監訳
流派を超えて効果的な援助を構築するために　　　　本体3600円

心理臨床における多職種との連携と協働──つなぎ手としての心理士をめざして
本城秀次監修
臨床におけるクライエントの利益を第一に考えるために　　　本体2800円

恥と自己愛トラウマ──あいまいな加害者が生む病理
岡野憲一郎著
現代社会に様々な問題を引き起こす恥の威力　　　　本体2000円

脳から見える心──臨床心理に生かす脳科学
岡野憲一郎著
脳の仕組みを知って他者の痛みを知るために　　　　本体2600円

新・外傷性精神障害──トラウマ理論を越えて
岡野憲一郎著
多様化する外傷概念を捉える新たなパラダイムの提起　　　本体3600円

解離の病理──自己・世界・時代
柴山雅俊編　内海健・岡野憲一郎・野間俊一・広沢正孝ほか著
時代とともに変貌する病像を理解するために　　　　本体3400円